Collection Poésie
Dirigée par Jean-Philippe Raîche

ANTHOLOGIE DE LA POÉSIE DES FEMMES EN ACADIE

Œuvre en page couverture : ARSENEAULT, Maryse, *Pommier de mai, femme en bleu*, acrylique et collage sur masonite, 2012.

© Monika Boehringer, pour l'introduction, les biographies et la bibliographie, 2014.
© Nicole Brossard, pour la préface, 2014.

Conception graphique : Jovette Cyr, ETP Média.

CATALOGAGE AVANT PUBLICATION DE BIBLIOTHÈQUE ET ARCHIVES CANADA

Anthologie de la poésie des femmes en Acadie : 20ᵉ et 21ᵉ siècles / Monika Boehringer, direction ; Nicole Brossard, préface.

(Collection Poésie)
Comprend des références bibliographiques.
ISBN 978-2-89691-132-5 (couverture souple)

1. Poésie acadienne. 2. Poésie canadienne-française--20e siècle.
3. Poésie canadienne-française--21e siècle. 4. Écrits de femmes canadiens-français. I. Boehringer, Monika, 1957-, éditeur intellectuel de compilation

PS8283.W6A68 2014   C841'.540809287   C2014-901114-8

DISTRIBUTION EN LIBRAIRIE AU QUÉBEC
Diffusion Prologue
1650, boulevard Lionel-Bertrand
Boisbriand (Qc) J7E 4H4

AILLEURS AU CANADA ET EN EUROPE
Les Éditions Perce-Neige
22-140, rue Botsford
Moncton (N.-B.)
Canada E1C 4X4

editionsperceneige.ca
perceneige@nb.aibn.com
Tél. : (506) 383-4446

La production des Éditions Perce-Neige est rendue possible grâce à la contribution financière du Conseil des Arts du Canada et de la Direction du développement des arts du Nouveau-Brunswick.

Ce livre est conforme à la nouvelle orthographe.
www.orthographe-recommandee.info

MONIKA BOEHRINGER

ANTHOLOGIE DE LA POÉSIE DES FEMMES EN ACADIE

20e et 21e siècles

Préface de Nicole Brossard

LES ÉDITIONS PERCE-NEIGE

Préface

La culture est une chose appréciable
Qu'il faut apprécier à voix haute
Sinon elle s'enlise et s'endort dans la nuit des temps

France Daigle

É couter à travers le temps la voix des femmes est toujours source d'une mise à jour vitale de l'état du monde. Relire et replacer dans le temps des éclats de voix et de présence est aussi un exercice de rappel à l'essentiel de ce qui garde les êtres en état de paroles et de pensées, de doutes, d'emportements et d'acquiescements.

Cette *Anthologie de la poésie des femmes en Acadie* préparée par Monika Boehringer nous fait tout à la fois voyager dans une histoire, une géographie, un air du temps et une langue tour à tour allumée dans le quotidien comme une assertion, un murmure, un éboulis ou un vent tendre qui sait créer ses propres incendies.

Partout dans ces pages, j'entends que la vie est quelque part lovée dans le temps qui a passé et qui passe encore, inexorable, dans l'odeur et le vif de la mer, de la nature et d'une présence cultivée de manière à ce qu'il soit toujours possible de dire vraiment oui à la vie.

Ici on entendra des femmes débattre de l'existence, jongler avec la matière qui s'offre à elles pour embrasser fort ce qui vit, ce qui va continuer d'être réel et dangereux. Le temps passe et elles sont ce qu'elles sont, singulières, acadiennes, femmes au milieu du temps, du dictionnaire, aux prises avec un questionnement, une « féminité » qui ne laisse rien passer, qui ne s'en fait plus passer.

La réunion de ces textes et voix de femmes a pour effet de faire apparaitre un monde parallèle à celui de la poésie acadienne dans ce qu'elle a développé de liens avec l'urbanité, l'Amérique, la musique rock et les bars de Moncton. Certes on retrouvera parfois ces thématiques, tout particulièrement chez les plus jeunes, mais d'une manière générale, les poèmes de l'anthologie offrent une entrée dans l'intime avisé de chacune devant la question de l'héritage, de la continuité et du réel qui va *anyway* suivre son cours, avec ou sans les moments de révolte et de colère, mais « coute que coute on fera du ravage » (Rose Després). Cela dit, il y a, dans ces écrits, un étonnant pouvoir d'absorber et de reconfigurer les éclats de voix meurtrie, errante ou en folie. Partout, il y a une intelligence de la réalité qui veut installer de la vie malgré le tourment, le sexisme et autres empêchements à être femme intégrale et sujet singulier.

Monika Boehringer a su regrouper dans cette anthologie des femmes qui savent bien naviguer, quels que soient les écueils, trouvant manière de ne pas sombrer dans la nostalgie et de ne pas mourir éclaboussées par le présent. Je pense ici au poème « Balafre » de Dyane Léger où le tout prudent : « il faut bien que je fasse un peu de bruit » sera suivi quelques lignes plus loin de « Je christ le destin / de tout ce qui bêtifie mon existence » ou à ces vers d'Édith Bourget : « Aujourd'hui ce qu'elle a à dire / demande mille précautions. / Ce qu'elle ne dira pas / demandera mille ruses. »

En terminant, je dirai mon plaisir à lire tout particulièrement les enjouées de paroles, Antonine Maillet et Georgette LeBlanc, qui savent si bien faire vibrer la langue et nous déplacer dans le temps myst*érieur* du poème. Dire aussi mon émerveillement de toujours devant les mots de France Daigle dont les pensées dévalent dans la langue avec une intelligence lumineuse qui renouvèle le gout du poème et de ses énigmes.

Nicole Brossard
décembre 2013

Poète, romancière et essayiste de réputation internationale, Nicole Brossard est née à Montréal en 1943. Elle compte parmi les plus grands écrivains du Québec. Son œuvre, de plus d'une trentaine de titres, est traduite en plusieurs langues et a obtenu les prix les plus prestigieux, dont le prix Athanase-David et deux fois celui du Gouverneur général. Elle a publié, avec Lisette Girouard, une *Anthologie de la poésie des femmes au Québec (Des origines* à *nos jours)*. Nicole Brossard est membre de l'Académie des lettres du Québec.

—:➔➔❖◄◄:—

Introduction

Avant que tout éclate en morceaux.
Vivre. Écrire.

Dyane Léger[1]

Aout 2013. Festival Acadie Rock. Au Consulat général de France à Moncton, une table ronde de quatre jeunes poètes invitées à parler du rôle des femmes poètes en 2013. Toutes les quatre – deux Acadiennes, deux autres poètes de la francophonie inter/nationale – sont de l'avis que, à l'heure actuelle, ce sujet est éculé : il n'y a absolument rien à en dire, l'égalité entre hommes et femmes est de toute manière un fait accompli et elles n'ont jamais connu d'entraves à ce qu'elles font, ni dans la vie ni dans l'écriture. On est à l'ère du postféminisme – mot qu'elles n'utilisent d'ailleurs pas – et il est clair que tout ce qui touche au féminisme, avec ou sans préfixe ou qualificatif, est proscrit : le féminisme, une affaire de leur mère, peut-être.

Un an plus tôt, un autre lieu et une perspective terriblement différente. Octobre 2012. Malala Yousafzai, activiste pour l'éducation des filles au Pakistan à l'âge de 15 ans, est grièvement

---

1. Dyane Léger, *Comme un boxeur dans une cathédrale*, Moncton, Perce-Neige, 1996, 65.

blessée au cerveau par des talibans qui essaient de l'assassiner lorsqu'elle rentre de l'école. Elle survit à l'attaque et devient un symbole puissant pour l'enseignement des filles dans tous les pays où l'oppression des femmes se vit encore au jour le jour, sans relâche. En juillet 2013, invitée à l'ONU, elle déclare que « les extrémistes ont peur des livres et des stylos ». Affirmant que « le pouvoir de l'éducation les effraie », elle poursuit : « Un enfant, un enseignant, un livre et un stylo peuvent changer le monde »[1].

En Acadie, c'est justement ce qui s'est produit pour les jeunes filles à un moment historique : en 1949, Notre-Dame d'Acadie, le premier collège d'enseignement supérieur pour femmes, ouvre ses portes à Moncton. Dans un impressionnant bâtiment tout neuf, les sœurs de Notre-Dame-du-Sacré-Cœur accueillent de jeunes Acadiennes pour les former intellectuellement, six ans après qu'elles leur ont déjà offert le premier cours classique en français à leur maison mère à Memramcook, couvent affilié à l'Université Saint-Joseph réservée aux hommes – un fier exploit de cette congrégation[2]. Une quinzaine d'années plus tard, en 1965, Notre-Dame d'Acadie se voit obligé de fermer ses portes : depuis son inauguration en 1963, c'est l'Université de Moncton, la plus grande université francophone à l'est du Québec, qui attire les jeunes Acadiens et Acadiennes.

---

1. Le Monde.fr, Éducation : http://www.lemonde.fr/education/article/2013/07/12/malala-a-l-onu-les-extremistes-ont-peur-des-livres_3447064_1473685.html (consulté le 12 février 2014). Malala n'est que la femme la plus connue de toutes les autres – au Pakistan, en Afghanistan, Inde, Chine, Afrique et ailleurs dans le monde – qui continuent d'être opprimées pour le seul fait de leur sexe.
2. Pour une étude fouillée de Notre-Dame-du-Sacré-Cœur et de deux autres congrégations, engagées dans l'enseignement supérieur des femmes ainsi que dans leurs contributions aux constructions identitaires en Acadie, voir Isabelle McKee [-Allain], *Rapports ethniques et rapports de sexes en Acadie : les communautés religieuses de femmes et leurs collèges classiques*, thèse de doctorat, Université de Montréal, 1995.

N'est-il pas évident, à la lumière de ces quelques aperçus, pourquoi s'impose une anthologie de la poésie des femmes en Acadie? On ne compte qu'une soixantaine d'années d'éducation supérieure pour les Acadiennes, mais les jeunes d'aujourd'hui semblent avoir déjà oublié ceux et celles qui leur ont ouvert l'accès à la formation et à l'épanouissement intellectuels. L'anthologie veut donc témoigner du chemin parcouru : présentant les femmes poètes des 20ᵉ et 21ᵉ siècles, elle met en relief le travail qu'ont accompli celles qui ont choisi les mots au lieu de se laisser déterminer par leur «destin» d'être femme, c'est-à-dire épouse et mère, comme le voulait la tradition. Certes, les poètes rassemblées ici n'ont pas toutes refusé les engagements familiaux, le thème de la maternité et de l'enfance en fait foi. Elles ne se sont pourtant pas laissé réduire aux rôles socio-sexuels stéréotypés que leur proposait la société acadienne au sein de laquelle l'influence de l'Église catholique était de taille – et ceci jusqu'aux années 1970. Ces femmes ont recherché des espaces à part où, libres et solitaires, elles se sont adonnées à la création poétique.

Et chacune cherche sa propre voie / voix : au début du vingtième siècle, certaines s'inspirent de leur foi pour écrire (Joséphine Duguay, Athela Cyr), tout en traitant leur matière avec un sourire enjoué et parfois ironique (Duguay[1]). D'autres rendent hommage à leur pays, à son histoire et à sa langue (Anna Malenfant, Antonine Maillet, Angèle Arsenault, Édith Butler). D'autres célèbrent les mots, leurs couleurs, leur provenance

---

1. Joséphine Duguay n'a pas froid aux yeux lorsqu'elle répond à la «causerie féminine» sexiste d'Albert Lozeau par sa «causerie masculine (parodie)», créée dans un cours d'été en 1943, en pleine Seconde Guerre mondiale. Publiant son pastiche sous le pseudonyme de Glaneuse à côté du texte de Lozeau, elle compare les fanfaronnades de «trois petits gars» dans un fumoir au bruit que fait Hitler sur le plan mondial (*Liaisons*, nov.-déc. 1943, 11). Ton caustique et critique mordante vont de pair dans ce petit poème de Duguay reproduit dans l'anthologie.

(Antonine Maillet, Annick Perrot-Bishop), et certaines n'hésitent pas à utiliser leur pouvoir évocateur pour dénoncer la guerre (Maillet). Telles s'emparent des mots de façon ludique (Maillet, Germaine Comeau), telles s'emportent contre la bêtise, voire la méchanceté humaine (Rose Després). D'autres encore remontent jusqu'à l'origine des mots, elles poursuivent le fil matrilinéaire – le « Cordon ombilical » – afin de s'inscrire doublement comme poètes : dans l'« antre » humain où « sommeillent […] les signes / Et d'où jaillira [l]a parole imaginaire » (Perrot-Bishop[1]), mais aussi dans le contexte plus vaste de la nature (Perrot-Bishop, Hélène Harbec). Ainsi cette anthologie reflète-t-elle toute la gamme des préoccupations des poètes des 20e et 21e siècles, on y trouve des mots en spirale, des mots étoiles et cendres, des mots d'eau et d'os qui vont au cœur des choses. Cette poésie a de multiples racines, dans le ciel et dans la terre – non dans un territoire compris de façon nationaliste, mais dans un coin du pays exproprié (« Ça porte au cœur », Dyane Léger), au détour d'une route (Martine Jacquot), dans une ville particulière, une maison, une rivière ou près de la mer où la « Cavale des crépuscules » (Pauline Dugas) surprend ceux et celles qui sont sensibles à la splendeur du soleil couchant, qui continuent à « faire place à la beauté » (Martine Jacquot[2]) dans leur vie quotidienne.

Or, se mettre à « écrire dans la maison du père » était aussi difficile pour les Acadiennes que pour les auteures québécoises[3],

---

1. Annick Perrot-Bishop, *Au bord des yeux la nuit*, Moncton, Éditions d'Acadie, 1996, 39. Les références complètes aux œuvres littéraires mentionnées dans l'introduction se trouvent dans la bibliographie à la fin du volume. Les citations de vers seront identifiées dans une note en bas de page, tandis que le seul titre d'un poème mentionné dans l'introduction ne mérite pas de renvoi particulier.
2. Martine L. Jacquot, *Le silence de la neige*, Rosemère (QC), Humanitas, 2007, 39.
3. Patricia Smart a décrit leurs difficultés à accéder à la parole dans son essai classique *Écrire dans la maison du père : l'émergence du féminin dans la tradition littéraire du Québec*, Montréal, XYZ, 2003 [1988].

mais comme les femmes poètes au Québec, dont Nicole Brossard et Lisette Girouard présentent les richesses dans leur anthologie[1], les Acadiennes ont réussi à se frayer un chemin à l'écriture. Et à partir des années 1940, la congrégation Notre-Dame-du-Sacré-Cœur a aidé des centaines de jeunes femmes à s'initier à la littérature, au théâtre, à la musique et aux beaux-arts. Avant cette époque, les douées avaient très peu de choix.

—•◦➯❖◖◦•—

---

1. Nicole Brossard et Lisette Girouard, *Anthologie de la poésie des femmes au Québec: des origines* à *nos jours*, Montréal, Éditions du remue-ménage, 2003 [1991].

Les femmes se souviennent. / Voilà[1].

Puisque l'enseignement postsecondaire en français était rare pour les jeunes Acadiennes au début du vingtième siècle[2] et que les filles étaient d'habitude destinées au mariage, il fallait quitter l'Acadie afin de poursuivre des études ou se sentir appelée à devenir religieuse ou enseignante, souvent une vocation conjuguée. Voilà ce qu'a fait Joséphine Duguay ou sœur Marie-Augustine, n.d.s.c., qui, en plus de ses devoirs religieux, a pu écrire et publier ses textes sous le pseudonyme de Glaneuse, surtout dans le journal *L'Évangéline* de Moncton. Marie Modeste Athela Cyr, elle aussi, a d'abord l'intention de devenir religieuse : elle entre comme novice dans la congrégation des religieuses enseignantes, les Filles de la Sagesse à Edmundston, qu'elle quitte afin de poursuivre ses études à l'École normale de Fredericton. Là, on pouvait obtenir son brevet en français, mais seulement à partir de 1884[3]; auparavant, l'enseignement se faisait uniquement en anglais[4]. Quant à la cantatrice Anna Malenfant, c'est grâce à une

---

1. Dyane Léger, *Comme un boxeur dans une cathédrale*, Moncton, Perce-Neige, 1996, 113.
2. À cette époque, c'était l'Église qui formait les jeunes, y compris au niveau secondaire – le droit à l'enseignement en français dans les écoles publiques ayant seulement été acquis de haute lutte dans les années 1970 au Nouveau-Brunswick. Voir Gilberte Couturier LeBlanc, Alcide Godin et Aldéo Renaud qui soulignent «la contribution importante du secteur privé, constitué de couvents et de collèges francophones», dans «L'enseignement français dans les Maritimes, 1604-1992», *L'Acadie des Maritimes : études thématiques des débuts à nos jours*, Jean Daigle (dir.), Moncton, Université de Moncton, Chaire d'études acadiennes, 1993, 543-585. La citation se trouve à la page 561.
3. 1884 est l'année de la fondation du «French Department» au sein de l'École normale. Voir http://www.francoidentitaire.ca/acadie/texte/T1205.htm (consulté le 12 février 2014).
4. Pour l'École normale de Fredericton, voir http://archives.gnb.ca/Exhibits/Archi valPortfolio/TextViewer.aspx?culture=fr-CA&myFile=Education-2 (consulté le 12 février 2014).

bourse qu'elle peut suivre des cours de chant à l'étranger, d'abord au New England Conservatory à Boston (1924), ensuite à Paris (1925-26) et à Naples (1927-29)[1]. Et malgré sa carrière musicale pour laquelle elle s'installera plus tard à Montréal, elle garde un vif souvenir de l'Acadie qui lui inspire diverses chansons composées sous le pseudonyme de Marie Lebrun[2].

S'il était impossible pour une femme d'étudier le chant à un niveau avancé, les difficultés d'accéder à d'autres domaines n'étaient pas moindres. Ainsi la philosophe et pionnière féministe Corinne Gallant, née en 1922 à Moncton, doit se rendre à Québec, au collège Marie-de-l'Incarnation des Ursulines, faute d'institution postsecondaire acadienne pour femmes. Après y avoir obtenu son baccalauréat, elle revient en Acadie pour servir son pays comme religieuse au sein de la congrégation Notre-Dame-du-Sacré-Cœur où, tout en continuant ses études jusqu'au doctorat et en développant ses talents de photographe, elle enseigne aux jeunes femmes comme Antonine Maillet qui n'hésitera pas à évoquer plus tard l'importance qu'avaient les cours de Corinne Gallant pour son développement intellectuel[3]. Voilà donc que commence une ère nouvelle pour l'éducation des femmes en Acadie, pour celles qui font leur noviciat et celles qui sont inscrites comme pensionnaires au collège Notre-Dame d'Acadie. Contrairement à d'autres couvents où les adolescentes se sentent brimées sous le joug souvent sévère des religieuses – certaines femmes sortent

---

1. Voir http://www.thecanadianencyclopedia.com/article/fr/emc/anna-malenfant (consulté le 12 février 2014).

2. Un bel éventail de ces textes se trouve dans la biographie d'Anselme Chiasson, *Anna Malenfant : gloire de l'Acadie et du Canada*, Moncton, Éditions d'Acadie, 1999.

3. Les faits évoqués dans cette section proviennent du deuxième chapitre, «Des expériences significatives», de Simone LeBlanc-Rainville, *Corinne Gallant : une pionnière du féminisme en Acadie*, Moncton, Université de Moncton, Institut d'études acadiennes, 2012, 33-86.

traumatisées de quelques établissements[1] –, les sœurs remarquables de Notre-Dame-du-Sacré-Cœur[2] offrent une éducation de premier ordre à des centaines de jeunes filles et femmes. En effet, ce sont ces religieuses qui forment une génération entière d'artistes et d'auteures acadiennes des plus connues, telles qu'Antonine Maillet, Édith Butler, Viola Léger et Marie-Hélène Allain. Toutes ces femmes profitent de la passion des religieuses pour les arts, de leur encouragement et ouverture d'esprit[3]. Ainsi une jeune Édith Butler monte sur scène pour la première fois chez les sœurs, expérience qui lui apprend petit à petit à faire face au trac qui la tourmente. D'autres anciennes élèves de Notre-Dame d'Acadie entretiennent des liens amicaux bien au-delà de leurs études. Il en est ainsi de l'actrice (et sénatrice) Viola Léger qui continue d'incarner, depuis la première présentation jusqu'à aujourd'hui, le célèbre personnage de *La Sagouine*, créé par Antonine Maillet en 1971, ou de Corinne Gallant, liée d'amitié avec la chercheure en littérature acadienne Marguerite Maillet : les deux font carrière à l'Université de Moncton et Marguerite Maillet fondera plus tard avec la jeune poète Judith Hamel la maison d'édition Bouton d'or Acadie pour la littérature jeunesse. Gallant[4], d'abord une des

---

1. Pour le témoignage d'une religieuse fervente qui finit par quitter son ordre et par mettre en question l'intégrité de l'Église catholique tout en restant croyante, voir Andréa Richard, *Femme après le cloître*, Montréal / Moncton, Éditions du Méridien / Éditions d'Acadie, 1995.
2. Au sujet de Notre-Dame-du-Sacré-Cœur, voir le documentaire de Rodolphe Caron, *Pour la cause*, Montréal, Office national du film du Canada, 2011. Voir aussi le site http://www.ndscacadie.com/index.html (consulté le 12 février 2014).
3. La poète québécoise Madeleine Gagnon évoque dans son récit autobiographique l'enseignement des Ursulines qu'elle a subi à Québec et qui était en contraste frappant avec l'éducation qu'elle a connue à Notre-Dame d'Acadie. Voir la deuxième partie «Là-bas» de son livre *Depuis toujours*, Montréal, Boréal, 2013, 37-76.
4. Corinne Gallant collabore aussi avec Dyane Léger à une publication pour laquelle Léger produit les textes et Gallant les photos : *Visages de femmes*, Moncton, Éditions d'Acadie, 1987.

professeures d'Antonine Maillet, devient d'ailleurs rapidement l'amie de cette dernière, si bien que les deux partagent maints voyages et sorties culturelles. Antonine Maillet, pour sa part, sera une des enseignantes de la future sculpteure renommée Marie-Hélène Allain, n.d.s.c. Ainsi les sœurs éclairées autour de mère Jeanne de Valois, instigatrice et directrice du collège Notre-Dame d'Acadie, contribuent pendant plusieurs décennies au rayonnement des arts et à la formation identitaire des jeunes Acadiennes[1]. Après ce moment historique où l'Acadie foisonne de richesses culturelles au féminin, l'influence de Notre-Dame-du-Sacré-Cœur sur la formation commence à décliner – le temps n'est plus de prendre le voile afin d'avoir accès à l'éducation supérieure.

Advient alors une autre époque. En 1960 est installé comme premier ministre Louis J. Robichaud, premier Acadien élu à ce poste, et en 1963, l'Université de Moncton est inaugurée[2]. Même en littérature acadienne surviennent des changements remarquables. Car à côté d'Antonine Maillet qui continuera à bâtir son œuvre, des hommes se font entendre. Ces poètes révoltés dénoncent le poids d'une Acadie trop traditionnelle, passéiste, voire moribonde. Ils revendiquent une Acadie moderne et, pour pouvoir s'exprimer librement, se créent une infrastructure : naissent ainsi en 1972 les Éditions d'Acadie où paraissent les œuvres marquantes de cette époque. Le premier[3] à y être

---

1. Voir l'hommage que fait Antonine Maillet à cette congrégation et à la directrice de Notre-Dame d'Acadie dans *Les confessions de Jeanne de Valois*, Montréal, Leméac, 1992.
2. Dans sa thèse de doctorat, Isabelle McKee [-Allain] consacre toute une section à la fermeture abrupte du collège Notre-Dame d'Acadie en 1965, décision à laquelle les sœurs se sentaient poussées lorsque les administrateurs de l'Université de Moncton leur proposaient des conditions jugées inacceptables pour la continuation de leur cours classique. Voir *Rapports ethniques et rapports de sexes en Acadie*, *op. cit.*, 348-356.
3. Évidemment, il y avait aussi des poètes acadiens dans la première partie du 20ᵉ siècle – Napoléon Landry, Ronald Després et Léonard Forest, pour ne

publié est Raymond Guy LeBlanc[1], suivi de Guy Arsenault[2] et d'Herménégilde Chiasson[3] auxquels se joint peu après Gérald Leblanc[4]. Après l'effervescence socioculturelle de ces années enregistrée sur plusieurs films[5] en plus des publications, il faut attendre les années 1980 pour que déferle une autre vague de renouveau littéraire. Cette fois-ci, c'est une génération de jeunes femmes qui s'affirment poètes. Et l'une d'elles, Dyane Léger, entre en scène avec fracas.

—◦꙰◦✦◦꙰◦—

nommer que les plus importants – mais ils héritaient dans leur poésie des traditions françaises et, à l'exception de Forest, devaient se faire publier en dehors de l'Acadie, faute de maison d'édition au pays.

1. Raymond Guy LeBlanc, *Cri de terre*, Moncton, Éditions d'Acadie, 1972 (édition du 40e anniversaire : Moncton, Perce-Neige, 2012).
2. Guy Arsenault, *Acadie Rock*, Moncton, Éditions d'Acadie, 1973 (éd. rev. et augmentée en 1994, aux Éditions Perce-Neige; édition du 40e anniversaire : Moncton, Perce-Neige, 2013).
3. Herménégilde Chiasson, *Mourir* à *Scoudouc*, Moncton, Éditions d'Acadie, 1974; réédité, avec *Rapport sur l'état de mes illusions*, sous le titre *Émergences : poésie*, Raoul Boudreau (préface), Ottawa, L'Interligne, 2003.
4. Gérald Leblanc, *Comme un otage du quotidien*, Moncton, Perce-Neige, 1981.
5. Voir par exemple Michel Brault et Pierre Perrault, *L'Acadie l'Acadie ?!?*, Office national du film du Canada, 1971, et Paul Bossé, *Kacho Komplo*, Office national du film du Canada, 2002.

Se demander pour la millième fois / jusqu'où peut-on aller trop loin ?[1]

Deux cris signalent l'avènement de la poésie acadienne moderne. Le *Cri de terre* de Raymond Guy LeBlanc coïncide avec l'inauguration des Éditions d'Acadie en 1972, alors que la fondation des Éditions Perce-Neige est marquée par le cri de cœur d'une femme : Dyane Léger lance en 1980 son premier recueil dont le contenu tantôt frénétique, tantôt désinvolte se cache sous le titre faussement naïf, voire «féminin», *Graines de fées*. Les fées y font apparition, certes, mais ce faux «conte de fées» est constitué de personnages et d'«animots» étranges. Des images d'une violence inouïe se juxtaposent à des éléments ludiques et plus légers, suivis de visions surréelles, si bien que l'ensemble de ces éléments crée un effet de choc sous lequel s'effondre l'univers féerique d'une quelconque féminité conçue traditionnellement. Le sujet femme qui s'énonce dans ce recueil ne «maitrise» ni la langue ni les procédés poétiques au sens conventionnel ; plutôt il crie, balbutie et détruit les mots afin d'en trouver d'autres, plus aptes à exprimer sa rage de vivre et ses amours, cette «douxl'heure atroce». Il fonce à travers les miroirs des apparences pour en briser les glaces qui s'envolent en éclats. L'acte de se libérer de la bienséance, des conventions littéraires et du silence, l'acte de se dire en tant que femme n'est pas pour les faibles d'esprit et les apeurées, au contraire, il exige des transgressions audacieuses et Dyane Léger les accumule aux niveaux lexical et sémantique ainsi que sur les plans de la ponctuation et des images outrancières. L'importance de ce premier recueil est reconnue immédiatement : le livre est couronné par le jury du Prix France-Acadie en 1981, l'année suivant sa parution. Or, l'intensité, l'inventivité et les excès langagiers de *Graines de*

---

1. Dyane Léger, *Comme un boxeur dans une cathédrale*, Moncton, Perce-Neige, 1996, 65.

fées ne se laissent pas maintenir dans les recueils suivants dont le genre s'avère souvent fuyant. Car Léger n'hésite pas à mélanger la poésie aux récits de voyage autofictifs (*Les anges en transit*) dans lesquels s'exprime la colère qu'elle ressent vis-à-vis de l'oppression et de la misère des femmes en Russie ou des Noirs en Louisiane. Plus tard, elle entremêlera de prétendues entrées d'un journal intime et des poèmes (*Le dragon de la dernière heure*).

De tels glissements génériques, typiques de l'ère postmoderne, se font également observer chez d'autres auteures acadiennes écrivant à la même époque. France Daigle, Rose Després et Hélène Harbec publient comme Léger d'abord dans la revue littéraire *Éloizes*, créée en 1980 par l'Association des écrivains acadiens, avant de signer leurs premiers livres. Étant à peu près de la même génération, elles n'ont pourtant jamais formé de réseau – contrairement aux écrivaines québécoises qui, une décennie plus tôt, avaient connu ensemble «un moment de prise de conscience, de solidarité, d'exploration et d'affirmation»[1], comme le soulignent Nicole Brossard et Lisette Girouard dans l'introduction à leur *Anthologie de la poésie des femmes au Québec*. Au Québec, le mouvement littéraire féministe aboutit à la création de maisons d'édition, de revues, de livres et de pièces de théâtre pour et par les femmes. En Acadie, les féministes déclarées ne se regroupent qu'au sein de l'organisme LES FAM (Liberté, Égalité, Sororité, les femmes acadiennes de Moncton), au sein des départements universitaires de sciences humaines et sociales[2] – mais non littéraires – ainsi que dans les associations féministes provinciales qui travaillent sur le terrain pour améliorer la condition des Acadiennes dans les domaines de l'éducation, du travail, de l'équité, de la violence et

---

1. Nicole Brossard et Lisette Girouard, *Anthologie de la poésie des femmes au Québec*, *op. cit.*, 29.

2. Le premier cours féministe à l'Université de Moncton, «Libération de la femme», intitulé bientôt après «Philosophie du féminisme», est offert à partir de 1972 par Corinne Gallant; voir Simone LeBlanc-Rainville, *Corinne Gallant*, *op.cit.*,

de la santé[1]. Pourquoi les écrivaines acadiennes ne participent-elles pas au mouvement féministe et ne montent-elles pas de projets littéraires ensemble[2]? Est-ce la masse critique qui leur fait défaut? Est-ce la diaspora qui les empêche de le faire? Car il faut noter que, en plus du petit groupe d'auteures habitant à Moncton, il y en a d'autres qui vivent près de Wolfville (Martine Jacquot) ou à la Baie-Sainte-Marie (Germaine Comeau) en Nouvelle-Écosse, d'autres qui résident à Edmundston (Édith Bourget), à Caraquet (Pauline Dugas) ou ailleurs au Nouveau-Brunswick, comme Gracia Couturier qui déménage souvent. Ou sommes-nous simplement, dans les années 1980, à une conjoncture historique qui ne souscrit plus aux causes idéologiques (nationalistes, féministes) mais où chacun se consacre à son cheminement individuel et à l'expression de sa subjectivité? Même les poètes québécoises prennent une direction pareille au cours de ces années, comme le constatent Brossard et Girouard: s'éloignant de l'avant-garde féministe des années 1970, la nouvelle génération d'écrivaines se tourne vers des propos plus intimistes, vers l'expression de soi, vers «une seule passion: écrire»[3]. Cette passion habitera aussi les poètes acadiennes dont chacune entreprendra son propre voyage initiatique à la poésie.

—··◗➤✦⟨◗··—

143-155. Gallant elle-même publiera plus tard l'ouvrage *La philosophie... au féminin*, Moncton, Éditions d'Acadie, 1984.

1. Pour un survol de ces regroupements féministes hors Québec (plus spécifiquement en Acadie et en Ontario francophone), leurs recherches et leurs publications, voir Linda Cardinal et Isabelle McKee-Allain, «Enjeux et défis de la recherche féministe en milieu francophone minoritaire au Canada», *Pluralité et convergences: la recherche féministe dans la francophonie*, Huguette Dagenais (dir.), Montréal, Éditions du remue-ménage, 1999, 449-465.

2. Notons que Léger, Després et Daigle participent au colloque *Les cent lignes de notre américanité*, tenu à Moncton du 14 au 16 juin 1984, dont les actes furent publiés par Perce-Neige en 1984. C'était pourtant un colloque d'écrivaines et d'écrivains acadiens auxquels se joignaient plusieurs auteur(e)s du Québec.

3. Nicole Brossard et Lisette Girouard, *Anthologie de la poésie des femmes au Québec, op. cit.*, 33-35.

Les femmes et les histoires / Suivent leur parcours leur déroute[1]

À l'arrivée de Dyane Léger sur la scène littéraire suit celle de Rose Després, une autre révoltée. Dans son premier recueil, *Fièvre de nos mains*, on trouve, comme chez les poètes masculins des années 1970, une réaction virulente contre l'Acadie d'antan, figée dans le passé contre lequel la poète s'érige : « Le langage de révolte s'enfonce jusqu'au nombril des terres abandonnées. Il sort de la boue chaude un désir de reprendre son pays, des cris de feu ». Affirmant que « les allumettes sont dans nos mains » et que le « regard des martyrs et des héros est derrière nous », elle s'écrie que le « vacarme des colères va étirer ses griffes jusqu'aux ventres les plus serrés »[2]. En effet, le courroux contre un monde injuste et des êtres humains insupportables possède le corps entier du sujet poétique, un corps qui vociferera, se tordra et brulera sur le « Mode autodestruct » (*La vie prodigieuse*). C'est seulement après avoir exorcisé les maux qui le tourmentent que ce corps réapprendra à danser sur les rythmes de la « Nouvelle-Orléans » (*Gymnastique pour un soir d'anguilles*).

Le troisième recueil de Després, *Gymnastique pour un soir d'anguilles*, est presque entièrement adressé à des poètes, masculins pour la plupart qui, poétiquement parlant, l'ont accompagnée et aidée à survivre. Ainsi voit-on défiler des poèmes intitulés Cher Gaston T. [Tremblay], Cher Émile [Nelligan], Cher Barry [Ancelet], Cher Zachary [Richard], Cher Hermé [Herménégilde Chiasson] ou « chersamis » ainsi que des poèmes sur certaines villes qui l'ont marquée, « Bâton Rouge » et « Lafayette » à côté de la « Nouvelle-Orléans ». Deux tendances

---

1. Hélène Harbec, *Le cahier des absences et de la décision*, nouv. éd. rev. par l'auteure, Moncton, Perce-Neige, 2009 [1991], 60.
2. Rose Després, *Fièvre de nos mains*, Moncton, Perce-Neige, 1982. L'édition originale n'étant pas paginée, voir la nouvelle édition de 2012, publiée par Prise de parole, les pages 29, 27, 29 et 38 respectivement.

caractérisent donc ce recueil : l'errance d'un espace et d'un pays à l'autre – thème important dans la littérature acadienne des années 1980 – se combine avec tout un éventail d'évocations intertextuelles, comme c'est le cas chez Dyane Léger dont la première partie d'*Anges en transit* s'inscrit dans la trace de *La prose du Transsibérien* de Blaise Cendrars, alors que la seconde, remémorant un voyage en Acadie du Sud (la Louisiane), s'ouvre sur une citation mise en exergue de Jean Arceneaux, nom de plume de Barry Ancelet.

L'intertextualité qu'affichent Léger et Després est totalement absente du premier ouvrage de France Daigle, un mince texte à allure poétique intitulé *Sans jamais parler du vent* (1983)[1]. Les quelques références cachées à Marguerite Duras ne s'y font guère remarquer; en revanche, elles seront plus visibles dans les livres suivants, notamment dans *Film d'amour et de dépendance*, *Histoire de la maison qui brûle* et *La beauté de l'affaire*[2], écrits dans un style particulier où les fragments narratifs s'empreignent du poétique. On sait qu'aujourd'hui Daigle jouit d'une réputation de romancière – fait souligné par de nombreux prix décernés à ses romans, dont celui du Gouverneur général en 2012 pour l'ouvrage monumental *Pour sûr* –, sa poésie restant dans les marges de son œuvre. Toutefois, bien des critiques considèrent ses premiers ouvrages comme des textes poétiques, alors que Daigle a insisté depuis le début sur leur caractère romanesque, le sous-titre du premier en faisant foi. Ses véritables poèmes, éparpillés dans

---

1. France Daigle, *Sans jamais parler du vent : roman de crainte et d'espoir que la mort arrive* à *temps*, éd. critique établie par Monika Boehringer, Moncton, Université de Moncton, Institut d'études acadiennes, 2012.
2. Au sujet des intertextes durassiens dans les premiers ouvrages daigliens, voir l'introduction de l'édition critique de Monika Boehringer, *op.cit.*, xxxix, note 102. Voir aussi Raoul Boudreau, «Une réécriture ambigüe en littérature acadienne : Marguerite Duras et France Daigle», *Littératures francophones : parodies, pastiches, réécritures*, Lise Gauvin *et al.* (dir.), Lyon, ÉNS Éditions, 2013, 91-104.

diverses revues telles qu'*Éloizes* ou *Tessera*, attendent toujours d'être réunis dans un recueil. Ils comprennent de très beaux textes – « Sur les traces de Marianne Godbout, cordonnière et savetière » et « Pour Zahava où qu'elle soit » – ainsi que de brefs poèmes comme « Le concert » ou « Le principe de la culture », mais aussi le poème inédit « Il pleut », reproduit ici et mis en musique : ludique, nostalgique, un peu mélancolique, un peu ironique, il est plein d'échos de Satie[1], de Verlaine et probablement de Barbara, vu que Daigle est férue de chansons. Si tant est que le ludique, l'humour et l'ironie sont des constantes de l'œuvre daiglienne, le trait caractéristique le plus évident des poèmes d'Hélène Harbec, qui a signé avec Daigle *L'été avant la mort*, est aussi facile à déceler : ses textes sont d'une grande sensibilité qui ne verse jamais dans le mièvre. Le monde poétique d'Harbec est constitué des petites choses du quotidien, d'enfants qui jouent, du coton à repasser, des fleurs et des feuilles d'érable, des épices ou d'autres senteurs. Mais ce monde intimiste, dans lequel les belles maisons sont bien alignées, ne garantit nullement une existence douillette, au contraire. Il ne fait que cacher, voire supprimer, les aspirations des femmes qui l'habitent. Un petit détail, un seul geste, peut faire basculer la vie quotidienne pour que, soudain, surgisse la mort, celle d'un ver ou d'un chien, d'un être aimé, d'une mère suicidée. Or, le sujet poétique ne succombe pas à la mort – thématique omniprésente, bien que jouée sur le mode mineur, non mélodramatique –, son *je* énonciateur guette patiemment les mots, les écoute, les travaille. Ainsi sait-il « [p]rendre un texte / le courber comme une scie / et le faire chanter »[2].

---

1. Lors de la performance musicale du poème par le groupe Riversong à la soirée Frye, le 25 avril 2013 à Moncton, la référence à Satie a été explicitée : Riversong a intitulé le poème de Daigle « Gymnopédies », titre de l'œuvre pour piano d'Éric Satie.

2. Hélène Harbec, *Le cahier des absences et de la décision*, *op. cit.*, 67.

Ces femmes – Léger, Després, Daigle, Harbec – forment le noyau de cette génération de poètes : l'œuvre de chacune est d'une ampleur considérable et d'un ton poétique indéniable. D'autres auteures s'y ajoutent, mais elles ont souvent laissé leur marque dans un domaine autre que la poésie. Ainsi Germaine Comeau : surtout connue comme dramaturge et romancière, ses romans *L'été aux puits secs* et *Laville* ont été couronnés respectivement des Prix France-Acadie (1984) et Antonine-Maillet-Acadie Vie (2009). Huguette Bourgeois, pour sa part, publie trois petits recueils dans l'espace de six ans, *Les rumeurs de l'amour* (1984), *L'enfant-fleur* (1987) et *Espaces libres* (1990), pour ensuite se tourner vers le travail pédagogique. Et Gracia Couturier, très active dans le milieu culturel du Nouveau-Brunswick, a travaillé dans toutes sortes de domaines, entre autres à l'Université de Moncton, à Radio-Canada, au théâtre l'Escaouette, aux Éditions d'Acadie ainsi qu'à Bouton d'or Acadie. Ces occupations variées se reflètent dans son œuvre : en plus des nombreux haïkus, au cœur de sa production poétique, elle a écrit plusieurs pièces de théâtre, des livres pour la jeunesse, des ouvrages didactiques et trois romans dont le dernier, *Chacal, mon frère*, a reçu le Prix des lecteurs de Radio-Canada en 2011 et le Prix France-Acadie en 2012. Multiples sont aussi les intérêts artistiques d'Édith Bourget, d'origine québécoise, qui vit depuis longtemps à Edmundston : grande voyageuse, elle peint et écrit. Son recueil *Une terre bascule* est accompagné de quelques reproductions de ses tableaux. Elle a aussi illustré bon nombre de ses livres pour la jeunesse dont deux ont été finalistes pour le Prix du Gouverneur général : *Autour de Gabrielle* (Prix France-Acadie) et *Les saisons d'Henri*.

Deux autres auteures présentent des cas particuliers en littérature acadienne – Martine Jacquot et Annick Perrot-Bishop –, leurs lieux d'origine respectifs en dehors de l'Acadie n'en étant pas la raison principale. Jacquot, d'origine française, a fait ses premières études universitaires à la Sorbonne, suivies d'un doctorat en littérature française décerné par l'université Dalhousie (Halifax). Depuis longtemps déjà elle vit et écrit dans la vallée d'Annapolis, haut lieu commémoratif d'où les Acadiens furent déportés en 1755. Son œuvre prolifique et protéiforme – elle mène une carrière parallèle de journaliste, de chercheure et d'écrivaine – comprend des recueils de poèmes et de nouvelles, des romans, des romans jeunesse et historiques ainsi que des essais critiques, ses textes se situant un peu partout, en Europe, en Afrique, au Maghreb, en Louisiane, en Acadie. Malgré cette grande diversité de genres, de topoï et de textes, Jacquot se réclame de la littérature acadienne, ce qui est confirmé par bien des poèmes et romans ancrés en Acadie du Nord et du Sud.

Annick Perrot-Bishop, quant à elle, ne revendique aucune acadianité, et pourtant... Née au Vietnam où elle a passé une partie de son enfance, elle a grandi et a fait ses études en France avant de s'installer à Saint-Jean, Terre-Neuve-et-Labrador. Son inclusion dans l'anthologie pourrait sembler incongrue, d'autant qu'elle s'est fait d'abord connaitre comme auteure de littérature canadienne d'expression française, en particulier dans le domaine de la science-fiction et des récits fantastiques. Finaliste de plusieurs prix littéraires dans ce domaine, ses nouvelles et poèmes ont été publiés dans diverses revues et anthologies canadiennes. Or, c'étaient les Éditions d'Acadie qui ont fait paraitre, en 1996, son premier recueil de poésie, *Au bord des yeux la nuit*. Ses poèmes ont également trouvé une place dans les anthologies de la poésie acadienne, de Gérald Leblanc et Claude Beausoleil ainsi que dans celle de Serge Patrice Thibodeau. Ne pas l'inclure dans le présent volume consacré aux femmes y créerait une lacune énorme : les thèmes qui préoccupent cette auteure sont directement reliés à l'expérience de la femme, à son corps et son rapport étroit à la nature – telle « femme-lune »[1] par exemple

---

1. Annick Perrot-Bishop, *Tissée d'eau et d'ambre / Of Amber Waters Woven*, Neil B. Bishop, trad., Victoria (BC), Ekstasis, 2012, 28.

sait se «glisse[r] dans l'intimité d'un galet» dont elle partage le «passé millénaire» tout «en oubliant le temps»[1]. Qui plus est, la poésie de Perrot-Bishop se laisse rapprocher de celle d'Hélène Harbec. Quoique leurs voix et la tonalité de leurs poèmes soient bien distinctes – la thématique du quotidien étant complètement étrangère à Perrot-Bishop –, des traits pareils caractérisent les deux : une sensibilité exquise, à fleur de peau, la patiente recherche du mot juste et la tension vers «l'essentiel / [les] ossements premiers»[2]. Voilà une citation d'Harbec qui pourrait tout aussi bien venir de la plume de Perrot-Bishop, alors que le «fracas d'un géranium, ébouriffé de rouge» qui suscite une «joie [qui] éclate soudain»[3] au cœur d'un vers de Perrot-Bishop, pourrait à son tour figurer dans un poème d'Harbec. La poésie de Perrot-Bishop se situe donc au cœur même du présent volume, elle y est incontournable. Car l'Acadie littéraire n'est pas uniquement une affaire d'ADN – pour rester vive, elle doit être ouverte sur le monde.

—•➫➪❖◅◅•—

---

1. Annick Perrot-Bishop, *ibid.*, 252.
2. Hélène Harbec, *Le cahier des absences et de la décision*, *op. cit.*, 74.
3. Annick-Perrot-Bishop, *Tissée d'eau et d'ambre / Of Amber Waters Woven*, *op.cit.*, 214.

Tout ce qui devrait être libéré / Mes mots / Comme mes baisers[1]

Cette ouverture se transforme chez certaines poètes en véritable prise de conscience. Chez celles qui commencent à publier dans les années 1990 et 2000, le souci d'une société de surconsommation et l'inquiétude au sujet de l'état de la planète ressortent de plus en plus fortement, sans pour autant supplanter les thèmes fondamentaux de toute poésie – l'amour, la souffrance et la mort, la menace du silence. Judith Hamel fait partie de ces poètes : préoccupée de l'avenir de ses enfants, elle s'engage politiquement comme candidate du Parti vert, tout en contribuant au milieu culturel de Moncton. Dans ses poèmes, elle saisit bien le caractère urbain de la ville, mais elle lamente aussi l'absence d'eau claire. Tantôt elle se désole des relations humaines mensongères et des échecs de communication, tantôt elle se déclare libre de toute attache :

Après
Sur le balcon
Je suis seule et sobre

Je suis l'étoile filante de toutes les nuits
Celle qu'on regarde avec curiosité
Qu'on laisse passer
Dont on ne sait ni l'origine
Ni la destination
Ni le nom

On ne m'attendait pas[2]

---

1. Judith Hamel, *Onze notes changeantes*, Moncton, Perce-Neige, 2003, 98.
2. Judith Hamel, *Onze notes changeantes*, *op. cit.*, 35.

Peut-être ne l'attendait-on pas en Acadie, mais on se souviendra de Judith Hamel, quelque bref qu'ait été son trajet sur cette planète dont elle se souciait tant.

Marie-Claire Dugas s'engage, elle aussi, artistiquement ainsi que socio-politiquement. Cosignataire du « Manifeste Beaubassin» (25 octobre 2002) lequel réclame la réinterprétation de la Déportation en termes de « génocide» et de « crime contre l'humanité»[1], elle milite aussi, au sein du groupe « Sentinelles Petitcodiac», pour la réhabilitation de la rivière Petitcodiac, projet couronné de succès[2]. De son premier recueil, *Le pont de verre*, se dégage la même intensité qui caractérise ses engagements politiques, mais sur un plan strictement personnel : la tension poétique y est nourrie d'un amour-passion qui provoque la femme poète à crier son désir ainsi que sa souffrance à l'instar des grandes amoureuses telle que Louise Labé. En même temps, elle a soif d'être libre, de s'évader, de traverser l'étendue du désert en moto. Tour à tour elle s'abandonne à l'Autre pour ensuite réclamer son indépendance, tour à tour elle cherche la fusion suivie de la rupture : enfin seule, elle est prête à voler, à bruler comme un phénix. À côté de cette image mythologique réapparait curieusement – comme chez Judith Hamel – celle des étoiles, de leur fulgurance dans l'espace. Chez Dugas, la métaphore de l'étoile filante s'insère bien dans les réseaux sémantiques du feu qui prédominent dans sa poésie. La femme politiquement engagée s'avère donc, dans son for intérieur, une romantique qui « rêve de faire naitre des étoiles dans le creux de [s]es mains»[3].

---

1. Le Manifeste Beaubassin, http://cyberacadie.com/index.php?/deracinement_histoire/ Le-Manifeste-de-Beaubassin-Deportation-ou-Genocide.html (consulté le 12 février 2014).
2. Sentinelles Petitcodiac Riverkeeper, http://petitcodiac.org/index.php?page= home &hl=en_US (consulté le 12 février 2014).
3. Marie-Claire Dugas, *Le pont de verre*, Moncton, Perce-Neige, 2003, 61.

Le rôle des étoiles est tout autre chez Pauline Dugas. Elle publie son premier recueil *Fragment d'eau* tardivement, à l'âge de 52 ans, après avoir mené une carrière en arts visuels. Son œil de peintre se manifeste partout dans sa poésie qui fixe avec précision profils, couleurs, saisons, fragments d'observation. Dans les paysages entre ciel, terre et mer que dépeint le sujet poétique, l'être humain semble souvent minuscule. Énormes sont toutefois les dégâts résultant de ses actions et lorsque l'humain préfère «ne rien voir arriver du désastre», la nature se porte accusatrice de ces méfaits : «du faite du plus haut des arbres / chant crécelle / d'un immense corbeau noir // le tollé des étoiles s'élève // *est via*»[1]. Où est cette voie pour se sortir des problèmes écologiques que nous avons créés, semble s'écrier le sujet poétique, y a-t-il encore une voie, reste-t-il encore du temps ? Ou faudrait-il comprendre le dernier vers comme un constat d'échec total : voici le chemin qu'a emprunté l'être humain vers la destruction inévitable de la planète ?

Cette seconde posture désabusée sera celle du sujet énonciateur de Brigitte Harrison. Son *Écran du monde* est dominé par des effets médiatiques qui empêchent tout véritable contact humain. Suite aux catastrophes et dangers imminents et médiatisés sans fin, suite aux guerres réduites à leur reflet sur le téléviseur, la sensibilité et la solidarité humaines sont en perdition. Il ne reste que des êtres réduits à l'état d'*automaton*, ou des marginaux – esclaves, clowns et concierges – qui s'affairent dans leur *Cirque solitaire*. Dans ce monde inhospitalier où «l'homme est un piège inventé par l'homme», savoir se souvenir que «nous sommes des corps de sang»[2] semble déjà être beaucoup; dans ce monde sombre, il n'y a plus beaucoup d'espoir pour l'avenir, encore que ...

--•➔➡✦⬅←•--

---

1. Pauline Dugas, *Fragment d'eau*, Moncton, Perce-Neige, 2009, 47.
2. Les deux citations proviennent de Brigitte Harrison, *L'écoute des fragments*, Moncton, Perce-Neige, 2011, 16 et 39.

Cela dur[e]

Contrairement à un des rares poèmes de France Daigle[1] dans lequel le monde est représenté sans issue, sans musique ni rêves ni histoires à raconter, un monde où règnent le silence et la mort, la poésie en Acadie perdure, elle fleurit même, surtout chez les poètes nées après 1975. Certaines tâtonnent pour trouver leur place dans le monde des adultes contre lesquels elles se révoltent, elles cherchent leur voix / voie, comme Cindy Morais, Stéphanie Morris, Marie-Ève Landry et Monica Bolduc. Quant à Sarah Marylou Brideau, elle quitte l'Acadie afin de faire ses études ailleurs. Partie en voyages, elle revient en Acadie après des périples en Amérique du Sud, en France et en Louisiane. Le cœur gros de l'existence nomade, elle cherche à se constituer poète par rapport à l'espace parcouru, les gens rencontrés, les livres lus et les langues en contact. En effet, parmi les poètes acadiennes, c'est chez Brideau que l'anglais prend une place importante à côté du français, langue matrice de ses poèmes épicés ici et là de quelques expressions espagnoles. Si la présence ponctuelle de l'espagnol – évocateur du voyage, de l'Autre, de l'exotique – se comprend facilement, celle de l'anglais est moins évidente. Certes, il y a des poèmes écrits complètement en anglais, signe de la coprésence du français et de l'anglais à Moncton, une ville biculturelle et officiellement bilingue. On comprend aussi des énoncés anglais dans un poème français lorsqu'il y a des références à la musique jazz ou à des compositeurs-chanteurs anglophones, Leonard Cohen, parmi d'autres. Mais parfois, l'anglais ne semble pas du tout motivé : s'agit-il alors d'une impuissance de se dire entièrement en français ou, au contraire, est-ce le signe d'une dualité linguistique profonde et

---

1. France Daigle, «Et cela dura», *Éloizes* 11, 1985, 16-17.

incontournable qui atteste du fait que la poète est habitée par les deux langues à part entière, sans qu'une langue soit mise sous la tutelle de l'autre? Car il faut préciser que Brideau n'utilise pas le chiac, ce vernaculaire du sud-est du Nouveau-Brunswick où l'anglais francisé surgit dans le discours français et que les poètes masculins exploitent souvent à l'instar de Guy Arsenault et de Gérald Leblanc. Quoi qu'il en soit, l'avenir montrera sans doute l'évolution du chiac en poésie acadienne, d'un côté, et celle de la coprésence du français et de l'anglais chez Brideau, de l'autre. Il est toutefois curieux de constater que le chiac est pratiquement absent de la poésie des femmes en Acadie[1], tandis que le parler acadien traditionnel y trouve sa place.

Tout d'abord chez Emma Haché qui écrit ses pièces en français standard, pour peu qu'elle utilise le parler acadien du nord-est du Nouveau-Brunswick afin de caractériser certains personnages, par exemple Rosilda et Gonzague dans la pièce *Wolfe*. Dans cette pièce sombre, qui a comme toile de fond l'expropriation factuelle de certains Acadiens (dont Jackie Vautour) pour rendre possible la création du parc national Kouchibouguac en 1969, l'homme est un loup pour l'homme, *homo homini lupus*. Or, l'espoir ne fait pas totalement défaut chez Haché: au lieu de souscrire pleinement à l'ancien adage de Plaute et de Hobbes, comme Brigitte Harrison semble le faire dans sa poésie, la pièce se termine sur un loup dompté. Le personnage d'Apolline, symbolisant la lumière et la poésie comme le fait le dieu grec éponyme, arrive à mettre Wolfe à sa place. Accompagnée d'une force potentiellement destructrice

---

1. On sait que le chiac prend une place importante dans les romans de France Daigle, depuis *Pas pire* et surtout dans le dernier, *Pour sûr*, une véritable défense et illustration du vernaculaire. En même temps, les romans daigliens ne cachent nullement les problèmes que soulève le chiac. Pour une excellente étude de ces phénomènes langagiers, voir Catherine Leclerc, *Des langues en partage?: cohabitation du français et de l'anglais en littérature contemporaine*, Montréal, XYZ, 2010.

mais maitrisée, Apolline sait à la fin qui elle est et peut dès lors poursuivre son chemin. *Wolfe* d'Emma Haché est inédit comme bon nombre de ses poèmes et pièces de théâtre, ce qui ne nuit pas aux succès multiples de l'auteure : *L'intimité* a remporté le Prix littéraire du Gouverneur général en 2004 et *Trafiquée*, finaliste du même prix, a reçu le Prix Antonine-Maillet-Acadie Vie en 2011. Pour souligner l'importance de Haché en littérature acadienne, quelques extraits de la pièce *Trafiquée* sont reproduits dans l'anthologie, d'autant que les procédés poétiques prennent une grande place dans son écriture. De plus, ces extraits montrent que la dramaturge n'hésite pas à voir la laideur du monde, en l'occurrence le trafic d'adolescentes exploitées sexuellement, à dire ces horreurs sans ambages tout en croyant à la force libératrice des mots.

Georgette LeBlanc, elle aussi, emploie le parler acadien de sa région dans ses recueils *Alma*, *Amédé* et *Prudent*. Originaire de la Baie Sainte-Marie en Nouvelle-Écosse, elle s'inspire de la mémoire collective ainsi que de faits historiques pour en faire de longs poèmes narratifs. Puisant dans les effets de l'oralité (répétitions, anaphores, etc.) et dans les procédés poétiques (métaphore, métonymie, oxymore; assonance, allitération; antiphrase, périphrase, etc.), LeBlanc compose des incantations, chansons et prières dans ses textes où elle recrée des espaces-temps clés : *Alma* évoque l'impact de la crise économique et de la Seconde Guerre mondiale sur un village acadien au centre duquel se trouve le couple amoureux, Alma et Pierrot; *Amédé* se concentre sur des musiciens acadiens en pleine errance entre la Louisiane et le Texas; et *Prudent* remonte à l'histoire vraie d'une mutinerie instiguée par Prudent Robichaud sur le *Pembroke* en décembre 1755, moment de la déportation d'un groupe d'Acadiens embarqué pour la Virginie. Entrecroisant des fils fictifs, historiques et poétiques, LeBlanc réussit à faire revivre à la fois une Acadie moderne et lointaine. Dans son œuvre, le personnage individuel est aussi important que la collectivité, et puisqu'elle sait célébrer la langue, l'histoire et le présent de son pays, LeBlanc compte de nos jours parmi les jeunes poètes acadiennes les plus intéressantes. Tant qu'il existe de telles auteures qui s'engagent pleinement dans la chose littéraire et tant qu'il existe de jeunes femmes comme Monica Bolduc qui, pour des fins féministes, sait ressasser et entasser les pires clichés patriarcaux de la «féminité» afin d'en démontrer la suprême bêtise et le non-sens total, la poésie au féminin continuera à s'épanouir en Acadie.

—·∴❖∴·—

La présente anthologie

Depuis plusieurs années déjà j'ai rêvé à une anthologie de la poésie des femmes en Acadie. Encouragée par l'existence d'anthologies consacrées aux femmes – notamment celles de Nicole Brossard et Lisette Girouard[1], de Sabine Huynh, Andrée Lacelle, Angèle Paoli et Aurélie Tourniaire[2] ainsi que de celle de Verónica Martínez Lira et Yael Weiss[3] –, j'ai songé à réaliser un volume qui, différent des autres anthologies de textes acadiens, privilégierait les contributions des femmes, leurs perceptions du monde, leurs sensibilités, leurs manières de transposer leur expérience en parole poétique, leur désir de faire concorder vivre et écrire.

Chaque anthologie opère évidemment selon ses propres critères. Quant à celles parues en Acadie, d'aucuns voulaient démontrer le développement de la littérature acadienne à travers les siècles[4], d'autres désiraient présenter son état contemporain depuis 1958[5], et les éditions Perce-Neige ont contribué deux anthologies importantes de la poésie acadienne parue essentiellement au

---

1. Nicole Brossard et Lisette Girouard, *Anthologie de la poésie des femmes au Québec: des origines* à *nos jours*, Montréal, Éditions du remue-ménage, 2003 [1991].
2. Sabine Huynh, Andrée Lacelle, Angèle Paoli, Aurélie Tourniaire, *Pas d'ici, pas d'ailleurs: anthologie poétique francophone de voix féminines contemporaines*, Déborah Heissler (préface), Montélimar, Voix d'encre, 2012.
3. Verónica Martínez Lira et Yael Weiss (sélection, trad. et notes), *Constelación de poetas francófonas de cinco continentes (Diez siglos)*, Lora López Morales (intr.), avec la coll. de Nicole Brossard, Suzanne Dracius, Liliane Wouters, México, UNAM, Coordinación de Difusión Cultural, Dirección de Literatura, Espejo de viento, 2010.
4. Marguerite Maillet, Gérard LeBlanc, Bernard Émont, *Anthologie de textes littéraires acadiens, 1606-1975*, Moncton, Éditions d'Acadie, 1979.
5. David Lonergan, *Paroles d'Acadie: anthologie de la littérature acadienne (1958-2009)*, Sudbury, Prise de parole, 2010.

vingtième siècle[1]. Si les éditions Perce-Neige récidivent avec la présente anthologie, c'est que leur directeur littéraire, le poète Serge Patrice Thibodeau, a fait un accueil enthousiaste à l'idée d'une anthologie consacrée aux femmes poètes. Après avoir décidé qu'on ne retiendrait que des poèmes déjà parus en recueil, principe auquel on a fait très peu d'exceptions, j'ai lu et relu l'œuvre des poètes acadiennes pour en retenir un premier choix de poèmes. Après plusieurs relectures de ce choix initial, deux critères m'ont aidé à établir le choix final : la qualité de chaque poème ainsi que sa place dans l'œuvre de chaque poète. Car en plus de présenter une diversité de poèmes réussis, je voulais aussi donner un aperçu de l'évolution des voix individuelles des poètes qui s'ensuivent ici chronologiquement, dans l'ordre de leur date de naissance. J'espère que le bouquet de signes ainsi offert fera plaisir à de nombreux lecteurs et lectrices ; je souhaite aussi que l'anthologie les encourage à partir à la découverte de l'œuvre poétique de telle ou telle auteure, projet facilité par la bibliographie en fin de volume qui, pour des raisons d'espace, ne contient que les titres poétiques des auteures, liste étoffée par leurs autres livres mentionnés dans l'introduction.

Monika Boehringer

Monika Boehringer est professeure titulaire à l'université Mount Allison (Sackville, N.-B.). Spécialiste de littérature acadienne et de l'écriture des femmes, elle a signé de nombreux travaux dans *Voix et Images*, *Études françaises*, *The French Review*, *Zeitschrift für Kanada Studien*, entre autres. Créatrice du site Web *Auteures acadiennes* (www.mta.ca/awlw/), elle a dirigé deux numéros spéciaux sur l'écriture (autobiographique) des

---

1. Gérald Leblanc et Claude Beausoleil, *La poésie acadienne : anthologie*, Moncton / Trois-Rivières, Perce-Neige / Écrits des Forges, 1999 ; Serge Patrice Thibodeau, *Anthologie de la poésie acadienne*, Jean-Philippe Raîche (liminaire), Moncton, Perce-Neige, 2009.

femmes en France et en Acadie (*Dalhousie French Studies* 62 [2003] et 47 [1999]). Elle a aussi codirigé *Entre textes et images : constructions identitaires en Acadie et au Québec* (Institut d'études acadiennes, 2010). Elle a publié l'édition critique de *Sans jamais parler du vent. Roman de crainte et d'espoir que la mort arrive à temps* (1983), le premier roman de France Daigle (Moncton, Institut d'études acadiennes, 2012).

—◦➣➤❖◄◄◦—

Anthologie de la poésie des femmes en Acadie

20e et 21e siècles

Joséphine Duguay (1896-1981) Sœur Marie Augustine, n.d.s.c.

Notre étoile

Un soir d'automne au firmament
On vit disparaitre une étoile,
Que la Vierge soigneusement
Cacha dans les plis de son voile.
L'Ange, pour la première fois,
Vit qu'on lui faisait du mystère,
Mais charitable, humble, courtois,
Il sut tout bonnement se taire.

En vain l'homme voulut savoir
D'où provenait l'affreux désastre;
Il perdit enfin tout espoir
De revoir briller ce vieil astre;
Mais tout à coup dans un drapeau
On vit poindre l'heureuse étoile,
La Vierge en faisait le cadeau
Au peuple remis à sa voile.

Nous te chantons depuis ce jour,
Emblème de notre patrie;
Nous te jurons respect, amour,
Tu fais la gloire d'Acadie;
Du vieux chez-nous soit le flambeau,
De nos espoirs la protectrice;
À toute œuvre imprime le sceau
De la valeur, de la justice.

Regrets

Je n'ai jamais connu ton village, Grand-Pré,
Ton fleuve caressant, tes vallons, ta prairie;
Ni les riches reflets de l'horizon pourpré,
Déroulant sur tes bois sa longue draperie;
Je n'ai pu contempler la beauté de tes champs,
M'endormir aux refrains des petites bergères;
Je n'ai jamais couru sur tes sables mouvants,
Ni monter tes radeaux faits d'écorces légères.

Comme j'aurais aimé tes prés couverts de lin,
Les bruyants groupements quand venait le broyage;
La chanson du métier, celle du vieux moulin,
Et le commun ruisseau pour le jour du lavage;
Les amis rassemblés et les contes du soir,
Le joyeux réveillon, la buche flamboyante;
Grand-mère souriant devant le dévidoir,
Tes plaisirs sans reproche, ô jeunesse riante!

J'ai grandi loin de toi, mais pourtant dans mon cœur,
Je garde le parfum de la patrie absente;
Je porte le secret qui t'a valu l'honneur,
Rien ne peut me ravir cette joie innocente;
Souvenirs d'autrefois, rendez à nos berceaux,
La fierté, la vertu, puissance d'une race!
Éloignez le danger, rallumez les flambeaux,
Protégez l'avenir que le monde menace.

Complainte d'un vieux bouleau

Dans l'orage d'hier, j'ai vu finir mes ans,
Je ne fournirai plus de bourgeons au printemps;
Parce que je suis vieux et recouvert de mousse,
Pour moi point de pitié, partout l'on me repousse;
Mes membres nonchalants transpirent la raideur;
J'ai perdu pour toujours ma grâce, ma fraicheur.

J'étais fidèle ami. J'ai revu la fauvette
Venir cinquante fois me faire la causette.
À présent je suis laid, miné par la douleur,
On marche sur mon dos et même sur mon cœur.
On se moque de moi, de ma grande vieillesse;
Ignorante est l'enfance et folle est la jeunesse.

Je me souviens encor des nids que j'ai bercés,
Des semaines, des mois sur mes rameaux gercés;
Témoin de tant d'amour et grisé de mystère,
Je me croyais heureux, je ne pouvais le taire;
Alors, je demandais à mon maitre le vent,
De m'aider à chanter, ce que je fis souvent.

Adieu! vieille forêt, témoin de ma naissance,
Vous fûtes favorable à mon adolescence;
Adieu! jeunes buissons, l'avenir est à vous;
J'emporte dans la mort mes souhaits les plus doux;
Adieu! frère voisin, garde ta robe blanche,
Donne-moi pour linceul un morceau de ta manche...

Causerie féminine (Albert Lozeau)

Aujourd'hui, le salon est plein de jeunes filles
Aux yeux noirs, aux yeux gris, aux yeux bleus, et gentilles
Elles causent très haut de bijoux enchantés;
Elles causent surtout de puérilités.
Tiède et trop fort, fait d'essences de toutes sortes.
Elles causent – leurs cœurs ne sont pas indulgents –,
Elles se font des compliments sur leurs toilettes,
Et projettent toujours de nouvelles emplettes,
Et mutuellement se disent des secrets.
Que chacune répète à l'autre, une heure après.
Le ton s'élève... On cause... Est-ce qu'on va se battre?
Elles sont bien quatorze ou quinze... Elles sont quatre.

Causerie masculine (Joséphine Duguay)

Aujourd'hui, le fumoir est plein de jeunes gens
Aux pieds lourds, aux bras forts, aux gestes turbulents.
Ils racontent les tours qu'ils ont faits en cachette;
Ils se vantent surtout en parlant d'amourettes.
De cette foule monte une odeur de tabac.
La fumée en roulant grise les petits gars;
Ils s'échauffent... Les têtes ont perdu la mesure,
Les voilà qui se rient des modes, des parures;
Ils se croient très sensés, étalent leur bon gout,
Et se vantent bien sûr d'être les «fins» partout.
Le bruit grossit. Voyons! C'est Hitler en déroute?
Non mais trois petits gars qu'un quatrième écoute...

Première neige

La terre a revêtu sa toilette d'hermine :
Riche manteau de gaze et de point argenté;
Partout sur nos chemins, sur les monts, la colline,
Scintillent des yeux d'or, c'est la franche gaité.

La nature a perdu son visage de morte.
Le verger ce matin, fait rêver du printemps;
Et les petits enfants jouant à notre porte,
Des oiseaux migrateurs, ont remplacé les chants.

Fleurs de neige, tombez. Dans vos rondes joyeuses,
Fleuronnez nos jardins, embellissez nos champs;
Papillons au blanc vol, par vos ailes poudreuses,
Conférez à l'hiver, l'apparence des ans.

Tout passe

Il n'est pas de matin qui n'arrive à son soir;
Pas de splendide nuit qui soudain ne s'éveille;
Et le bonheur d'hier, en son frêle miroir,
Déjà voit se flétrir les charmes de la veille.

L'enfant dans ses ébats, y met tout son savoir;
Il s'enivre de joie encor quand il sommeille;
Il apprendra bientôt, que l'austère devoir
A changé son destin. «Lamentable» merveille!

Aujourd'hui, l'oiseau chante et demain il se tait.
De même, notre cœur inconstant, infidèle,
Pleure dans le silence où jadis, il chantait.

Tout passe avec le temps.
La mémoire rebelle
Ne peut marcher de pair avec la volonté.
Hélas, rien d'éternel, sinon l'Éternité...

Fête de la sainte Anne

À notre mère

Ce jour ramène votre fête,
Saluons-le d'un air joyeux !
Ô Mère, notre cœur s'apprête,
À vous le souhaiter heureux.

Depuis bientôt cinq ans, on voit dans l'Acadie,
Un arbre alimenté d'une sève bénie;
Il croît dans le silence, à l'ombre d'un jardin,
Embaumant l'univers d'un souffle tout divin.
Vous en êtes le tronc, nous en sommes les branches,
Arbre mystérieux aux fleurs modestes, blanches;
Nous venons au printemps quand s'annoncent les fruits,
Partager avec vous, du labeur, les soucis.

Chantons, ô mes Sœurs, d'une Mère,
L'amour, la bonté, la douceur;
Pour elle, offrons une prière,
C'est le seul désir de son cœur.

Mère, nous resterons enfants de cette vigne,
Du lierre enchanteur, nous connaissons le signe.
En vain nous poursuivra le monde, ses plaisirs,
Nous voulons apaiser des âmes, les soupirs;
Les enfants, le vieillard, l'orphelin sont nos frères,
Et nous voulons pour eux, fonder des sanctuaires.
Mère, bénissez-nous, pour comble de nos vœux,
Permettez à nos cœurs ces intimes aveux.

Ô Mère, recevez l'hommage,
De tous ces cœurs reconnaissants;
De notre amour, voici le gage :
Bouquets et prières d'enfants.

Dame du Sacré-Cœur, conservez notre Mère !
Nous la voulons longtemps, reine de ce parterre.
Ensoleillez ses jours, rendez-lui le matin,
Sans lui montrer le soir, allongez son chemin;
Donnez-lui le bonheur, consolez sa vieillesse,
Nous voulons auprès d'elle, armer notre jeunesse;
Présentez à Jésus, nos prières, nos vœux,
Marie, écoutez bien nos cantiques pieux.

Vive ce jour anniversaire !
Nous l'acclamons avec bonheur.
Sainte Anne, ayez pour notre Mère,
Une place au banquet d'honneur !

Athela Cyr (1905-1990)

Les verrières de la cathédrale Immaculée-Conception
à Edmundston, 1980

Virgo Clemens – Vierge Clémente

Clémente est synonyme de bonne, humaine,
Douce, généreuse. Toutes ces qualités
Et bien d'autres, Mère admirable, vous conviennent.
Montrez-vous notre Mère pour l'éternité.

Mater Creatoris – Mère du Créateur

Quand l'univers et ce qu'il contient fut créé,
Dieu savait à l'avance qui serait la Mère
Du Créateur : plan divin dans l'éternité.
Mère du Créateur, offrez-Lui nos prières.

Regina Pacis – Reine de la paix

Fille de la race royale de David;
Mère du Christ, Roi des rois, de plus par son titre
De Reine de la paix, elle est celle qui guide
Les peuples vers cette paix dans l'amour du Christ.

Turris Eburnea – Tour d'ivoire

Marie, Tour d'ivoire, soyez notre défense
Et notre protection, contre nos ennemis
Tant visibles qu'invisibles. Avec instance,
Nous vous demandons de renaitre au Paradis.

Virgo potens – Vierge puissante

Si Marie a le sentiment de sa grandeur,
Elle a aussi conscience de sa petitesse :
Une créature devant son Créateur,
Qui la rend puissante auprès du Père céleste.

Speculum Justitiae – Miroir de justice

Pendant toute sa vie, Marie fut le miroir
Qui réfléchit les vertus de son Maitre et Fils
Tout à la fois. Daignez accepter nos prières,
Marie, de qui est né le Soleil de justice.

Virgo virginium – Vierge des vierges

Un grand signe a paru dans le ciel :
Une femme vêtue du soleil, sous ses pieds
La lune et une couronne de douze étoiles
Entourant sa tête; c'est l'Immaculée.

Anna Malenfant (1905-1988)

Douce Acadie

Je revois mon pays, je revois mon foyer,
Je revois le rivage,
Je revois mes vingt ans, je revois la rivière,
Le clocher du village.
Je revois les maisons, je revois les couchants,
L'aurore boréale.
Le charme d'autrefois tourne autour de mon âme
et me rend le courage.

Doux pays, doux pays,
Doux pays de mon enfance,
Acadie, ô chérie !
Tes refrains bercent mon âme.
Cher amour, toi toujours,
Tu me donnes l'espérance.
Tiens-moi bien, doux pays,
Doux pays de mes amours.

Ô mon si beau pays,
Ô ma douce Acadie ! Je reviens de voyage.
Je pâlis loin de toi; donne-moi du courage
Quand lasse de souffrir,
Je m'en viendrai mourir
Dans un coin du village.
Le matin du retour,
Je te dirai : Prends-moi; je reviens pour toujours.

La grange du curé

La vieille grange du curé
Est bien abandonnée.
Le vieux cheval qui l'habitait
Est mort depuis bien des années.
Le curé n'va plus fair' sa tournée
Dans la vieill' grange grise.
Le curé n'va plus fair' sa tournée
Dans la vieill' grange abandonnée.

La vieille grange du curé
Est pleine de souvenirs.
Et les voisins peuv'nt même jurer
Qu'on entend des soupirs.
Le curé n'sait pas ce qui se passe
Dans la vieill' grange grise.
Le curé n'sait pas ce qui se passe
Dans la vieill' grange abandonnée.

Le curé dit que c'est le vent
Qui joue dans le foin.
Et la servante en dit autant
Avec son œil en coin.
Le curé n'sait pas ce qui se passe
Dans la vieill' grange grise.
Le curé n'sait pas ce qui se passe
Dans la vieill' grange abandonnée.

Un jour le vent s'est déchainé.
Il a tout emporté
La vieille grange et le curé,
Le village à moitié.
Le curé qu'était en état de grâce
Et poussé par la brise,
Le curé qu'était en état de grâce,
Au ciel tout droit s'en est allé.

Le bon saint Pierre en le voyant
Lui fit bon accueil.
Il avait l'air tout souriant
Et dit dans un clin d'œil :
« Tu aurais bien pu fermer à clé
La vieill' grange grise.
Tu aurais bien pu fermer à clé
La vieill' grange abandonnée. »

Le bon curé tout consterné
Lui dit : « Mon bon saint Pierre,
S'il fallait tout l'temps surveiller
Les amoureux sur terre,
On n'aurait pas l'temps de confesser
Toutes les gross's bêtises.
On n'aurait pas l'temps de confesser
Tous les méfaits d'l'humanité. »

« Ils ne sav'nt pas ce qu'ils font,
Lui répondit saint Pierre.
Ils ne sav'nt pas, mais ils le font.
Ah ! cré nom d'un tonnerre !
Heureux l'homm' qui n'sait pas c'qui s'passe
Dans la vieille grange grise.
Heureux l'homm' qui n'sait pas c'qui s'passe
Car le bon Dieu a pardonné. »

Bel oiseau blanc

Bel oiseau blanc, toi qui pars en voyage
Emporte-moi avec toi vers d'autres rivages.
Je veux frémir avec le vent.
Je veux m'enivrer dans son chant.
Je veux connaitre d'autres horizons
Où je pourrai oublier le temps.
Celle qui t'aime, t'appelle-t-elle ?
Celle qui t'attend est-elle fidèle ?

Laisse-moi m'en aller

Laisse-moi m'en aller mourir dans mon pays.
Loin de toi, je serai plus en paix pour partir.
La mort aura pour moi le gout du pain béni,
Mes yeux se fermeront pour tout anéantir.

De ce que ton regard aime en moi maintenant :
Mes cheveux et mon front, ma bouche et mon cœur las,
Je ne veux pas qu'un jour mes pas en se trainant
Te fassent demander : « C'est bien elle, cela ? »

Laisse-moi t'éviter les soupirs et les larmes
Quand mes yeux faibliront, quand ma voix s'éteindra.
Laisse-moi t'épargner la perte de mes charmes,
Pour que je sois pour toi belle après le trépas.

Mon pays est plus beau que le tien pour mourir !
Il est si loin du bruit que le monde l'ignore.
Dans un coin de son sol, je pourrai mieux dormir,
Car la mer en chantant dira que tu m'adores !

Antonine Maillet (1929 -)

L'éloge des mots

Écoutez tous, petits et grands,
La vieille complainte que voici,
Enfouie,
Pétrie,
Bâtie
Par les petits,
Durant passé mille ans.

Des mots,
Cent mots,
Cent-mille mots
Encore chauds,
Germés en terre de France.
Mots de semence,
Mots de semaine, mots du dimanche,
Qui chantent et dansent
Puis se déhanchent,
Cent-mille mots,
Rien que pour venir
Nous dire
Qu'il fait beau !

Des mots de gorge, des mots de gueule,
Des mots sortis tout seuls,
Tout frais, tout ronds,
Montés du ventre au cœur,
Pour faire rire ou pour faire peur,

En finir
Par aboutir
Dans le gorgoton.
Des mots bout-ci, bout-là,
Le nez en l'air, la tête en bas,
Des mots châtiés ou mots tout croches
Qui doucement s'approchent
Et puis s'accrochent
À des pieds de vent
Pour sauter un océan.

Mais comme la terre est ronde,
Ils atterrissent au Nouveau Monde,
Un beau matin
De juin
Entre les sapins,
Et s'y installent comme chez eux.
La mer est verte, le ciel est bleu,
La vie est belle, ils sont heureux.
Que personne ne nous dérange !
On boit, on dort, on mange
À pleine goulée,
Debout, couchés, affalés,
Établis dans nos terres
En bordure de mer
Pour l'éternité.

Mais... un certain jour d'automne,
Alors que personne
Ne soupçonne
Que le temps vient de virer,
Souffle de l'est et du nordet
Un vent du large, un vent mauvais.
Et voilà les mots antiques
Pris de panique
Qui s'affolent,
Tricolent,
Et se collent
Les uns aux autres, face à l'ouragan,
Pour tenter
De sauver
Au moins l'accent.
Ils s'obstinent
Et s'agglutinent
Puis en plein désarroi
Laissent glisser dans la voix
Des laizes de mots
Nouveaux.

On s'agrippe à la tradition
Aux voyelles, aux consonnes, à l'intonation
Pour ne pas voir s'effacer
Les mots antiques :
Voir le grenier

Déloger l'attique;
La nuque écraser la cagouette;
L'étincelle éteindre la beluette;
L'édredon bousculer la couette;
Et les pigrouins
Disparaitre dans les reins.
Voir même le râteau de l'échine
— Tenez-vous bien !
Se transformer en épine
Dorsale.
Et la phale
— Ne pensez point à mal, monsieur le cardinal
S'appeler dorénavant
Le devant
Et remplacer le jabot,
Cet ancien mot
Qui désignait,
Ne vous déplaise,
Ces choses que cache le corset.

Enfin la gorge... sortie du got,
Ce radical, ce premier mot...
La gorge avale en une seule goulée
Le gosier
Puis le gorgoton,
Et un peu plus bas, plus profond,
La gargamelle et la gargotière

Qui se disaient encore chez nos grands-pères.
Tant de mots partis au vent,
Mais qui sont restés
Fixés
Dans la mémoire
Des belles histoires
D'antan.

Des mots qui chatouillent
Et gargouillent
Et fouillent
Les reins et les cœurs;
Des mots d'amour
Et de velours
Pour faire le tour
Des p'tits bonheurs.

Mais cette langue noble et vieille
Qui nous échappe,
Voilà qu'en cette nuit de veille,
On la rattrape
Dans un rap
À la mode du pays.
Le pays qui se chante,
Qui nous enchante,
Le pays de la vaillante
Acadie.

Acadie rap, râpeuse,
Rapace et rapporteuse,
Acadie mémoire
Du matin jusques au soir,
Acadie
De sur l'empremier
Enfin rapatriée
Pour entrer
Cette nuit...
Joyeuse,
Tapageuse
Et victorieuse...
En francophonie.

La complainte du soldat inconnu

Merci, M. le Président, pour tant d'hommages à ma flamme,
pour le salut militaire, mon général, pour la couronne.
Mais ayez la bonté de porter ces fleurs à ma femme,
là-bas, en haut du champ.
Car les immortelles ne sont immortelles que pour les vivants.
Cherchez-la entre les coquelicots,
il doit bien y avoir quelque part une femme qui pleure
et qui s'appelle Marie, Jeannette, ou Margot.
Je ne sais pas, je n'ai pas eu le temps de la connaitre,
pas eu le temps.
On m'a fauché que je n'avais pas encore vingt ans.
Ayez la bonté, mon colonel, de lui rappeler ma mémoire
et de consoler mes orphelins,
les enfants que je n'ai pas eus, et qui se seraient appelés
Pierre, Marthe et Marcellin,
des noms de gamins ébouriffés, aux genoux sales et aux doigts ronds,
qui jouent aux billes ou à la marelle
sans entendre le rugissement des canons.
Dites-leur que je n'ai pas aimé la guerre, que le front n'est pas un pays,
la caserne pas une maison.
Dites-leur que j'aurais préféré le rabot au fusil,
Que je suis le héros malgré lui,
comme tous les simples soldats.
Simple soldat.
Et pourtant, couché sous la flamme éternelle,
à l'ombre des monuments et des arcs de triomphe,
je reçois plus d'hommages qu'Alexandre, César ou Napoléon.
Car derrière toute leur bravoure et toute leur gloire,
tandis qu'ils faisaient l'Histoire,
nous trainions les canons.
Pour eux et malgré nous.

J'ai vu de tout près le simple soldat ennemi, blond, jeune, vigoureux,
les yeux pétillants et la bouche gourmande,
qui écrivait chaque soir dans sa tranchée
des mots d'amour à sa bienaimée.
Je le devinais à son sourire absent tout pareil au mien.
L'un et l'autre, nous rêvions d'une maison,
d'un atelier, d'une usine, des champs de grain,
de la mer,
de la montagne,
de la ville, de la campagne.
Nous bâtissions la paix sous le grondement des canons,
le sifflement des balles, le claquement des drapeaux si bien déchiquetés
et délavés au soleil ou sous la pluie,
que nul camp ne pouvait reconnaitre le sien.
Nous attendions la vie, à la fin des combats,
un bon matin.
La vie qui est arrivée trop tard, le jour de l'Armistice,
qui n'était pas pour nous.
Pas pour nous.
Ce jour-là, mon rêve a sombré dans l'oubli,
ma maison s'est écroulée,
ma femme et mes enfants sont morts, en creusant la tombe
de tous mes héritiers.
Le monde que j'aurais pu bâtir a péri au front, fauché en plein soleil,
transpercé au ventre d'un seul coup de baïonnette.
Et l'armée victorieuse a marché sur le corps de ma lignée,
de Marie, Margot ou Jeannette.
Merci, mon général, mon colonel, M. le Président, de m'avoir élu,
d'avoir allumé avec les os du soldat inconnu
la flamme éternelle.

Merci pour les hommages,
l'oriflamme,
les chants militaires,
les immortelles.
Je ne méritais pas cet honneur, moi qui en eus si peu envie.
Ce n'est pas juste pour Alexandre et Napoléon, morts dans leurs lits.
Et si je peux me permettre, M. le Président,
messieurs les élus,
en réponse à vos paroles émouvantes et graves,
je vous proposerai de faire désormais l'éloge de la guerre
sur la tombe de celui qui l'a aimée,
ou point connue.
Laissez-moi rêver en paix à la vie que j'aimais
et qui me fut ravie
pour rien,
puisque ma mort n'a pas servi,
n'a pas guéri les peuples belliqueux, n'a pas déraciné la guerre,
n'a pas encore donné la paix en héritage à une seule génération.
Ne venez plus sur ma tombe rendre hommage à l'homme,
à l'Histoire, aux civilisations.
Éteignez la flamme qui me brule les os,
jusqu'au jour où vous aurez rendu leurs pères
aux orphelins de guerre,
rendu leurs membres aux manchots,
aux aveugles la vue,
rendu sa vie au prochain soldat inconnu.

Édith Butler (1942-)

L'Acadie sans frontières, 1977

Les bateaux fantômes

Les bateaux sont venus
Embarquer mon père
Les bateaux sont venus
Raconter des chimères
L'or est dans nos cales
L'argent coule à flots
Si tu suis nos voiles
Tu seras riche et beau
Et ils sont partis
Mon père a suivi

Des bateaux sont venus
Embarquer ma mère
Des bateaux sont venus
Lui dire sa misère
Vous seriez une reine
Parée de bijoux
Te fais plus de peine
Là-bas on a tout
Et ils sont partis
Ma mère a suivi

Des bateaux sont venus
Embarquer mon frère
En langue de vipère
Tu verras des filles
Belles à en mourir
Tu verras des filles
Tu n'as qu'à choisir
Et ils sont partis
Mon frère a suivi

Les bateaux sont venus
M'embarquer aussi
Des bateaux sont venus
Et ils m'ont menti
Ton cœur est chagrin
Si tu restes ici
Si tu vas plus loin
Y a l'homme de ta vie
Et ils sont partis
Et moi j'ai suivi

Les bateaux reviendront
Un soir dans nos songes
Les bateaux reviendront
Bourrés de mensonges
Et ils tenteront
De vous embarquer
Fermez vos oreilles
Et bouchez vos yeux
Ils vont vous vider
Si vous regardez

On parlera de nous some day

On est là tous les deux à regarder dans l'eau bleue
pendant que les marins languissent dans les ports
On est là tous les deux à s'regarder dans les yeux
n'osant plus regarder la lumière du phare

Pourtant mon homme, tu crois toujours
que les bateaux voguent d'amour
qu'on marie la gouellette d'un seul coup de marteau

Faudra un jour faire un effort
lever tes bras crier plus fort
avant qu'il ne soit trop tard et se vident à jamais nos ports
On parlera de nous some day on parlera de nous some day...

On est là tous les deux à s'bercer au coin du feu
pendant que les gros poissons mangent les plus petits
On est las tous les deux on commence à se faire vieux
faudrait bien aérer ta chambre avant la nuit

Pourtant mon homme tu crois toujours
que les enfants survivent d'amour
qu'on réchauffe la maison sur un air de violon

Faudra un jour faire un effort
lever tes bras crier plus fort
avant qu'il ne soit trop tard et se vident à jamais nos ports

On parlera de nous on parlera de nous some day
On parlera de nous on parlera de nous some day

Une fleur à ma fenêtre

Sur le bord de ma fenêtre
Pousse une fleur de fête
Le matin quand je me lève
Elle se fait discrète

Elle cache dans ses feuilles
Tous les secrets des choses
Voudrait que je me recueille
Pour un parfum qu'elle ose
Parfum doux parfum de rose

Sur le bord de ma fenêtre
Pousse une fleur de fête
Le midi dans le soleil
Elle se fait moins secrète

Elle me parle de retour
Et puis je le suppose
C'est elle qui me fait la cour
Elle me métamorphose
C'est une belle histoire d'amour

Sur le bord de ma fenêtre
Pousse une fleur de fête
Et lorsque la nuit nous guette
Elle devient prophète

Elle me dit des mots d'amour
Pour reposer ma tête
Me promet que pour toujours
Elle sera mon poète
Ma lumière de tous les jours

Angèle Arsenault (1943-2014)

Première, 1975

Les héroïnes

Qui fut Marguerite Bourgeois
Et Mère Marie d'Youville
Qu'ont-elles fait ces femmes-là
Pour se rendre utiles
Et Madeleine de Verchères
Et Jeanne Mance l'infirmière ?

> Nous avions pourtant commencé
> Sur un bon pied
> Les premières arrivées c'étaient des femmes libérées
> Elles ont laissé leurs noms à l'histoire du pays
> Quelles sont celles d'entre nous qui le font aujourd'hui ?

Marguerite Bourgeois mit les fondations
Pour les Sœurs de la Congrégation
Mère Marie d'Youville a organisé
Les Sœurs grises de la Charité
Pensez-vous qu'elles se sont amusées avec les garçons ?
Mais non elles ont ramassé des millions

> Nous avions pourtant commencé
> Sur un bon pied
> Les premières arrivées c'étaient des femmes libérées
> Elles ont laissé leurs noms à l'histoire du pays
> Quelles sont celles d'entre nous qui le font aujourd'hui ?

Si vous pensez qu'en temps de guerre
Les premières arrivées se cachaient dans leurs chaumières
Vous oubliez mes bien chers frères
Notre héroïne Madeleine de Verchères
C'est elle qui combattit les Iroquois
Quand les hommes étaient cachés dans le bois

> Nous avions pourtant commencé
> Sur un bon pied
> Les premières arrivées c'étaient des femmes libérées
> Elles ont laissé leurs noms à l'histoire du pays
> Quelles sont celles d'entre nous qui le font aujourd'hui ?

J'pourrais continuer ce n'est pas fini
Marie de l'Incarnation Mme de la Peltrie
Agathe St-Père et les Filles du Roy
Madame de la Tour Catherine Tékakwitha
Qui avons-nous eu depuis ce temps-là ?
L'Enfant martyre et pis Donalda

> Nous avions pourtant commencé
> Sur un bon pied
> Les premières arrivées c'étaient des femmes libérées
> Elles ont laissé leurs noms à l'histoire du pays
> Quelles sont celles d'entre nous qui le font aujourd'hui ?

Maman! Maman!

Elle aimerait ben un p'tit appartement
Pas trop d'ménage à faire là-dedans
Mais lui il veut un beau château
Queq'chose de riche queq'chose de gros
Et pis devinez qui vivrait dedans
Toute seule avec ses p'tits enfants
À entendre tout l'temps tout l'temps
Maman! Maman!

Celle qui devrait toute la journée
Frotter laver jamais s'arrêter
Faire à manger pis recommencer
Et pis s'ennuyer et pis engraisser
Et pis garder tout en dedans
Toute seule avec ses p'tits enfants
À entendre tout l'temps tout l'temps
Maman! Maman!

Celle qui devrait encore être belle
Et pis maternelle et pis sensuelle
Qui devrait savoir recevoir
Quand il rentrerait le soir
Car il viendrait de temps en temps
Pour voir ses p'tits enfants
Et pour demander tendrement
As-tu besoin d'argent maman
As-tu besoin d'argent

Tu peux bien le garder ton argent
Et pis ton château et pis tes enfants
J'm'en vais prendre un p'tit appartement
Pas trop d'ménage à faire là-dedans
J'veux pas jouer à la maman
Toute seule avec mes p'tits enfants
À entendre toute ma vie durant
Maman! Maman! Maman!

Je veux laisser mon nom

Elle m'a dit
Je veux laisser mon nom
Je veux faire quelque chose
Quelque chose de ma vie

Je n'peux plus passer mes journées
À boire du café
Je n'peux plus passer mes soirées
À regarder la télé
Je n'peux plus passer mes semaines
À attendre que le beau temps revienne
Je n'peux plus passer mes années
À me dire qu'un beau matin
Tout cela va changer, non

Je veux laisser mon nom
Je veux faire quelque chose
Quelque chose de ma vie

Ah je devrais peut-être me taire
Et m'en aller soigner ma belle-mère
Je devrais peut-être aussi
Nettoyer les dessous du lit
Mais je sais jouer le piano
Lorsque j'étais jeune je chantais soprano
Y a si longtemps que j'ai oublié
Je ne sais même plus comment chanter

Je veux laisser mon nom
Je veux faire quelque chose
Quelque chose de ma vie

Annick Perrot-Bishop (1945 -)

Au bord des yeux la nuit, 1996

Terre-Neuve

Terre
éclaboussée du cri d'un soleil
en couleurs d'océan
de roc
fauve la falaise se brise
craquements de glace
gout frais de neige qui fait trembler
la mémoire ensevelie
se mêle de vent
s'enroule au sel d'une joie
Neuve

Naissance

Une fine clarté effleure mon front
ou est-ce un son qui plisse ma peau ?
pourquoi trembler alors que la douceur coule
en humides caresses ?

Dehors les cris crèvent le crâne griffent l'ouïe
la lumière perce l'iris d'un refus brulant
les mains pétrissent le souffle qui éclate
immobile

Comment dire non à l'irrémédiable
se blottir dans la tranquille tiédeur
d'avant ?
minuscule poing invisible à l'appel du jour

Mais le ventre maternel se durcit étouffe
mes poumons qui halètent de
peur

Se déplissent : hurlement nouveau
noyant les bruits du monde

Cordon ombilical

Le cordon s'étire avec les jours
filament si ténu qu'il en devient presque invisible
pourtant il est là
et si je n'y prends garde je risque de trébucher

Avec deux doigts doucement serrés je le suis jusqu'à sa source
en une longue caresse qui glisse à contretemps
là où sommeillent
dans l'antre cuivré
les signes

Et d'où jaillira ma parole imaginée

—·◆►◄·—

Se reconstruire
chercher les visages enfouis
les rassembler sur le papier
pour se redessiner en vert
courir dans le vent pour sentir
le souffle du corps qui palpite
existence invisible au regard qui guette

Mais avec le temps les visages s'ébouriffent
s'estompent de brume
alors le pinceau à la main
tu refais les contours
combles d'une rondeur fruitée le vide
pour que l'image pèse de tout son poids

Jusqu'à ce qu'un regard-tempête la brise
en poudrerie de voix

—◦◦◦◦◦—

Pluie noire glissant
sur les feuilles l'asphalte
brillance de phares
vitres où colle encore
la poussière de l'été
dans sa chambre
Glenn Gould
son front ses mains
d'où fuit une averse de sons

Femme au profil d'arbre, 2001

Je voudrais être une femme-lune. Calme et silencieuse.
À peine roussie par la vie. Je flotterais, blême musique
sur la neige. Légère, j'ignorerais le feu qui creuse au ventre.
Le gel qui fend l'arbre avant la mort. La tempête
qui éclabousse le cœur. Le barbouille d'effroi.

—◦⊃⊃❖⊂⊂◦—

Au creux de l'arbre, j'ai caché mes os. Nudité
heureuse. Attente patiente des pousses nouvelles. Des chairs
tendres. Oubli des yeux brulés.

—◦⊃⊃❖⊂⊂◦—

Au printemps, je boirai à la tendresse des eaux.
Me blottirai dans le vacillement de l'herbe. Voltigerai
dans l'humeur bleue du vent. M'endormirai parfois
au bord d'une larme. Pour m'éveiller, le cœur
blanchi de sel, les mains creusées d'absence. Alors,
j'embrasserai la légèreté de l'ombre. Cette louve
apprivoisée qui me conduira vers la senteur
de l'humus où s'enracine le ciel.

—◦⊃⊃❖⊂⊂◦—

Dans le métissage de tes yeux, le vent des côtes
bouscule la touffeur des rizières. Obscurité de ta peau,
soleil profond giflé de neige. Et les confluents
de ton sang se déversent dans la grande eau
d'un fleuve. Étrange parcours que tu ignores
et dont j'aperçois, du bout de l'âge, les méandres.

— ·>⊃◈⊂⊂· —

J'avance vers toi à reculons. Et dans ton regard
plein d'attentes, se reflète le mystère de mon destin.
Allons-nous nous rejoindre à travers le flottement
des larmes ? Oseras-tu prendre la main qui t'a
trahie, risquant à nouveau l'abandon ? Je t'espère
au cœur des choses – jamais dites, jamais
ressenties – comme la clé de mon présent. Toi seule
peux combler la faille où dégringolent à grands cris
mes peurs. Blottis-toi dans le nœud de mes pensées.
Je serai ton écorce. Et toi, la sève de ma paix.

— ·>⊃◈⊂⊂· —

Dans l'éclaboussure d'un champ. Rouge
l'horizon s'enchante. J'appelle ton nom. Poignard
dans l'air coupant.

En longues rivières cachées, 2005

Mes souvenirs, langues de terre à la dérive.
Silence des pierres qui glissent vers la non-mémoire.
S'enfoncent, une à une, dans la neige du temps.
Blancheur du désir. Froideur des chairs. Cruel
sourire du passé.

—◦▷▷◈◁◁◦—

La pluie, douceur bruissante. De souvenirs frileux.
D'arbres habités de vent. D'éclaboussures
qui traversent ma vie. Tapie au fond du cœur,
ma joie éclate soudain : fracas d'un géranium,
ébouriffé de rouge.

—◦▷▷◈◁◁◦—

Mots, vie ajoutée à ta vie. Criblures d'oiseaux
sur ciel blanc. Leur absence – et ton corps
se vide. S'écroule en peau flétrie. Mots, ossature
de ton cœur.

—◦▷▷◈◁◁◦—

Je me glisse dans l'intimité d'un galet.
Dans sa conscience lente, libre de la peur
et du ressentiment. Sans craindre les vagues qui me
bousculent. Et je vis dans l'indifférence des marées,
en oubliant le temps. Chargée pourtant d'un passé millénaire,
que berce le doux vacarme de la mer.

—◦▻▻✤◅◅◦—

Dans le reflux des vagues, le grondement
des siècles. La longue histoire des années d'errance.
Des polissages et des multiples séparations.
Jusqu'au grain le plus fin. L'écume la plus brillante, évaporée
dans l'air. Alors, je tente de m'échapper. Pour rejoindre
cette buée sur la vitre qui me raconte d'où je viens.

Germaine Comeau (1946 -)

Empreintes

Tablette tactile
Black berry bramble
Ronce qui ronge
Griffonne et grafigne
Graffiti
Flash et crash
Prends le globe
Gobe le globe
Parle talk
Tic et tac
Talk texte
Rip et rap

Fracassé
Doigté
Cassé

Plastique noir
Mur noir
Coyote et corbeau
Rouge sang
Mure noire

Cyber éthique
Cybernétique
Mon tube
Ton tube
Tous ensemble
Sur you tube

Perds tes cheveux
Gobe le globe
Google bing
Et google bang
Big bang

Physique quantique
Cantique psychique
Trou noir
Cité publique
Public cité

Publicité
Flosse tes dents
Et vis plus longtemps

Cosmos

le monde sur mes genoux
tout le monde à genoux
devant le monde
tressé en toile
sans toile
sans chair, sans os et sans âme

holographie
homographies
homonymies
pause
images de galaxies
voyageant
sur les ailes de voix lactées

ailleurs

loin, si loin
mais si proche aussi
tous issus de source
d'une seule
et même source

source sans soucis
et sans disharmonie
issue du même son
un seul et même son
cristallin

un seul et même son
lumineux

Cinquième dimension

Mon âme flotte un peu plus loin, un peu plus floue.
Sortie de ma tanière sous une brise de printemps, je suis renard,
       loup et coyote.
Images bousculant phrases. Je marche, je cours et je marche encore.
Pieds nus. Sentiers sans kilomètres. Dans une verdure qui perdure.
Je me roule dans l'eau du ruisseau.
Je me noie le nez dans une mousse aux saveurs de verveine.
Je respire sucre et sel des sous-bois.
Je mange. Je marche, je cours et je marche encore.
Pieds nus. Je dors et j'adore.

Je chasse.

Je me lève et je vole. Je suis canard, corbeau et colibri.
Dessinant de mes ailes esquisses de vie en cinq dimensions.
Je plonge les profondeurs de mer, me faufile et m'enfile dans le
       glauque et le marron des algues languissantes.
Je plane sur les poumons du vent dans l'azur du firmament.
Perché sur un fil j'écoute le sans-fil. Je surveille, je veille et
       je vole des cerises.
Aux abords du hasard je me gave de nectar pour voler sans abri.
       Moi. Colibri.

Je tressaille dans mon nid d'hiver.
Je tourne une page et je suis l'ours blanc dans un livre d'enfant.

Hélène Harbec (1946 -)

Le cahier des absences et de la décision, 2009 (1991)

Là-haut
dans la vieille grange
l'œil collé sur le ciel
entre les fentes des planches
une enfant rejoint ainsi
les herbes et les mots du songe
qui se penchent ensemble
le jour de la décision

Quand elle sera grande
tout ce qui pourra la sauver
à force de se retirer

❧

Blottie dans son manteau
une femme
une momie
partout dans la ville, dans les parcs
sous la lumière des néons
pleure en langue étrangère
devant les boutiques, dans la musique des rues
sur les palissades placardées
promène une chose indécente
sa douleur
parmi la foule qui passe

❧

La chambre du silence
est accrochée aux arbres géants
elle tend les ailes
en suspension lente
seul demeure
le gouffre d'avoir été
une mère

Couper le son
au moment de la chute

❧

Sur cette page
elle pose un silence
et dedans
une pensée béante
informe
qui fait mal

❧

Sur la rue
l'ordre naturel des choses
la rangée de maisons
ne trahit rien
s'accumule à notre insu
tout ce que l'on dissimule
de notre indigence
dans nos décorations intérieures
et nos achats

Les femmes et les histoires
suivent leur parcours   leur déroute
échappent à la main
qui les trace
s'emmêlent
fuient
les femmes et les histoires
courent s'inscrire
sur d'autres pages
s'incruster sur d'autres murs

Pratiquer une tension dans la phrase
jusqu'à ce que le mot se déchire
et que nous nous rassemblions
autour des hiéroglyphes

Prendre un texte
le courber comme une scie
et le faire chanter

Permettre en dernier lieu
que le texte
penche de ce côté
et crée un déséquilibre
dans une œuvre de démolition
tragique et nécessaire

Les poutres du mot structure
les clous du mot paroi
l'absence du mot lumière
le commencement du mot femme
l'espace du mot terre

Le décompte des surfaces est commencé
nous parviendrons à l'essentiel
aux ossements premiers

Les enfants jouent dehors
les pays se réincarnent
dans la longue suite des jours

Sous mes doigts
ce qu'il faut de patience
pour découdre
la doublure d'une mémoire

Va, 2002

Comme des wagons

Les instants de la vie
s'en vont
wagons
à la débandade
se renversent
dévalent la colline
finalement s'écrasent
au bout du mouvement
qui ne veut plus d'eux

Aux douanes frontalières

Ce jour-là
le vent ne poussait pas la voile
nous sommes restées face à face
flottant sur la baie de Caraquet
aux douanes frontalières
de nos vies improvisées
l'amour passait sur la côte
nous avons détourné le regard

Qui aura le temps

Combien de temps encore
faudra-t-il à cet érable
pour qu'il laisse tomber
sa dernière feuille
qui aura le temps
de s'assoir
et en être témoin

Combien de temps encore
faudra-t-il à ce baiser d'antan
pour que son effet s'estompe
qui aura le temps
d'inverser
le pouvoir secret
des salives

Signe de vie

à l'inconnue de la rue High

Il aurait fallu
que je soulève ses paupières
que j'enlève les écouteurs
collés à ses oreilles
il aurait fallu
qu'elle sorte le cou
de ses épaules
qu'elle découvre la bouche
enfouie dans son foulard
il aurait fallu tant et tant
que rien ne s'est produit
bouger
était devenu difficile

Ce jour-là, à distance
l'étrangère de la rue
qui venait vers moi
avait laissé croire
ignorante sous la neige
à l'espoir intraitable
d'un regard
d'un signe de vie

Le temps de l'ordre

Tout mettre en ordre
les légumes
les lettres
les vêtements
les oiseaux
les épices
les livres
les désirs
tout mettre en ordre
les amours
les enfants
les chiens
les souvenirs
les chagrins
les rires
tout mettre en ordre
les mots de la fin
les mots du début
les ficelles entre eux
s'accorder le temps de l'ordre
cet apprivoisement de la mort
dans le son amplifié des avions
et leur sillon illuminé
comme si la vie allait se terminer
comme si la vie allait durer
comme si la vie n'était
qu'à l'aube de la vie
et de la mort

Le tracteur céleste, 2005

Froissement

Il n'y a que les vraies choses
qui se froissent dis-tu
l'âme
les souvenirs
et le coton

Et tu repasses
et tu repasses

Du bleu

Qu'est-ce que tu fais
demande l'adulte
à l'enfant qui dessine
à grands traits
avec son feutre bleu
je fais du bleu
dit l'enfant

Aspirateur

Par mégarde
j'ai aspiré un petit caillou
en forme de cœur
posé là
sur le rebord de la fenêtre
j'ai perforé le sac pour le retrouver
mais le courage m'a manqué
à fouiller ainsi
l'enchevêtrement de cheveux
de poils de chien et de poussière
alors j'ai vu
que j'avais de la peine

Descente

Fabriquer un ascenseur de verre
descendre et remonter
le long des vaisseaux
voir les sangs circuler
sans bon sens
se livrer une guerre
de cent ans

Lampe au front
tu descends en toi
comme un grand mineur

Pétales épars

Les bouquets se détachent
s'éparpillent
grelotant parmi les tombes
une rose rouge
roule sur elle-même
laissant derrière elle
des pétales épars
sur la pierre plate
de Barbara Ann Windle
parfaite inconnue
à qui le vent fait un cadeau

Ascension

Je pose des lèvres chaudes
au bas de ta nuque
mise à découvert
devant moi
et nous marchons encore
entre les sapins
branches alourdies de neige
que tu secoues au passage
pour les rapprocher du ciel

Vert tendre

Pluie fraiche du matin
chant des gouttières
jeunes pousses des arbres
ce vert tendre du printemps
met l'eau à la bouche
voilà à quoi servent les fenêtres

Pluie
pluie
seulement le mot pluie
chacune de ses lettres
se déverse
en son de pluie
de ta langue à la mienne
voilà à quoi servent les bouches

L'enroulement des iris, 2013

Pétales d'hibiscus
dans un bol de bois,
assemblage bordé de silence.
La main s'est retirée
sans signature.
Comment ne pas être transfigurée
par cette splendeur
anonyme.

❦

Les oiseaux solitaires
ne nous soulagent pas
du chemin perdu.
Le sens de leur vol
ne dépend pas de nos yeux.
Mais un vol seul d'un seul oiseau
me prend dans ses ailes. Battement
de ciel.

❦

Je n'ai pas choisi

d'être

seule

à ce point,

et si je l'ai voulu

je ne sais pas

comment le vouloir

en ce jour.

Ici la plus grande présence :
ce vent remuant à peine
les feuilles.

Ciel veiné de rose.

Transparence
du feuillage,
trajet
des veines
et veinules.

Je ne sais pas
qui je serai à ma mort.

Pleure seule
au fond là-bas
l'alliée
qui ne renoncera jamais.

Petites choses triées
classées
petites choses
assemblées
soignées,
ce jour-là aurez-vous perdu la vie avec moi?

Si personne ne vient,
les plantes s'épuiseront,
les objets se couvriront de poussière,
fidèles à leur silence,
et je ne serai plus là
pour voir cette beauté paisible.

❦

Celle que je vois
n'est pas celle
que je sens

On n'écrit pas
sans être
abandonné

On n'écrit pas
sans être
habité

C'est toi
que j'approche
la nuit, mais
tu ne le sais pas

Je ne suis ni arbre ni feuille ni oiseau
chacun me donne de m'approcher
de qui je suis
arbre
feuille
et oiseau

Huguette Bourgeois (1949 -)

Les rumeurs de l'amour [1984]

Liberté de tout ce qui n'est pas soi

Je rêve au ciel
tapie sous l'arbre bleu
tapie parmi les pierres qui brulent sans raison
c'est là ma retraite de feu
mon armure
mon piège
mon lent privilège
mon cœur
       désintégré

Chemin d'aurore

Pour une chanson
nouvelle
accrochée
à l'aile
de l'espoir
cette tige
de ciel
sur la clôture
du soir

Ma joie porte un linceul
Et lorsqu'elle sort
Par le dur froid d'hiver
Pour quérir quelques branches
Ceux-là ne voient pas
Dessous
      l'hirondelle aux yeux clairs...

L'enfant-fleur, 1987

Lapidaire

jour après jour
tailler son ombre
tailler son cœur et son visage
les oiseaux passent
les ombres meurent
jour après jour
tailler son cœur

Espaces libres, 1990

maladroitement tes bras
autour de mon absence
malhabilement ton cœur
autour de mon silence

Rose Després (1950 -)

Fièvre de nos mains, 1982

Et le pays en déroute ?
Coute que coute
On fera du ravage
Continue l'esclavage et la tempête noie les graines de
survie.

L'enfer n'est plus demain,
Bourrée de bois, d'un geste félin, la braise ronronne
En guettant le jour...
Les allumettes sont dans nos mains.

—◦◦❖◦◦—

Femme de pluie, tes rêves s'exposent sur les branches d'un pays qui bouge. La tête pleine de cailloux, le ventre de plomb, des drôles d'oiseaux perchés sur un défi. L'orage stérile fait le tour de tes prières, s'assoit dans tes mains et se fait l'agent de tes désirs.

Un quart de lune résiste à la source de tes yeux qui trempent les façades brulantes et poursuivent le trajet des choses ruminant dans tes tripes. Tes seins se gonflent d'ironie et se dévident tel un ballon. Les enfants ne veulent plus être nourris d'illusions tragiques dont le gout se mêle aux verbes plus concrets que tes doigts.

Le langage de révolte s'enfonce jusqu'au nombril des terres abandonnées. Il sort de la boue chaude un désir de reprendre son pays, des cris de feu. Le regard des martyrs et des héros est derrière nous, voyant l'alternatif comme une levure éloigne la faim et la tient à l'écart juste assez loin pour la prendre encore les yeux fermés.

—·:⊃⊃✦⊂⊂:·—

On a chanté à tue-tête les Ave Maris Stella et les gloires à ceux-ci, les hymnes à ceux-là, assis dans une grande barque sans capitaine, le drapeau déchiré. Une guenille rit la tête fendue, des éclats secouent les vagues et le navire sans équipage. Des rames neuves pendent de chaque côté sans direction. Pas de mer où naviguer, ni voyage à faire, ni rivage en vue.

Le projet fond comme la glace dans la baie d'avril et les débris des naufrages décorent les musées de souvenirs.

Les cordons de l'histoire enterrent l'ancre et nouent la force de nos bras. On regarde sur les écrans les jeux de mépris qui mâchent les cœurs et crachent les graines de fruits sur les trottoirs des villes.

Requiem en saule pleureur, 1986

Arbitrage des voies à sens unique

Quand j'étais chez mon père, je me croyais poète. Le gris-bleu de ses yeux me racontait des histoires de velours foncé. Mais sa voix de tonnerre et d'acier griffait le sang dans mes veines sablonneuses.

Quand je suis chez mon père, sa volonté domine une beauté d'esprit sauvage.
J'aime gouter la folie mais sans m'y noyer ou renaitre décapitée.

Et si la mer n'avait pas de côtes à effleurer, les restes de nos plus beaux jouets seraient enterrés sous la brume d'une autre orgie guerrière : les petits soldats, leurs sourires idiots, figés par leur morcèlement.

Quand j'étais chez ma mère, l'autre n'y était pas. Et si des bêtes entraient, on faisait la chasse aux rats. De la frénésie à la prose, de l'arme dangereuse à l'instrument utile...
Prendre le risque de sombrer ou d'éclaircir l'enflure d'une vie piétinée.
Penser avec un cœur indomptable.

Quand je suis chez ma mère, je renais à hier et à demain. Je n'envie plus rien. Je me laisse combler de soleil ou de neige, dans l'oasis ou dans les maigres nuits agitées.

—·:❧❧❖❧❧:·—

Glissant de ma mémoire fracturée, des jets venimeux désenchantent les pierrots de ma jeunesse.

...ongles sales, genoux et cou crasseux, nous étions des écoliers qui ramenaient une torpeur de bandits cagoulés dans nos familles. Gangsters cosmiques, ils flagellent encore ma tête insomniaque. J'use les mots calamiteux, mais je continue de bercer l'oiseau étrange qui dort dans une chambre aérée. Ma vie ressemble à son corps nourri de courants d'air et de feu.

D'autres voudraient pulvériser la poésie qui les surprend comme un fouet. Imprévue, elle imite la discorde qui reste à mi-chemin de notre minuit magique.

Ils ne voleront pas jusqu'au ventre de la tempête. Estropiés, ils n'oseront jamais braver l'œil de l'ouragan.

Gymnastique pour un soir d'anguilles, 1996

Valises à la main

Il reste accroché aux fils téléphoniques, sa cruelle harangue
pourchasse mes matins tranquilles.
La télévision envahit, éteint la musique dans ma caboche,
ma petite planète sérieuse et drôle.
Le frigidaire râle, secoue le sommeil fragile.

Si bientôt l'élan s'écrase, je ramasserai les pièces du décor,
débarrasserai mon champ de vision. Un autre cercle vicieux
s'estompera, étourdi, ses griffes molles impuissantes,
et la sciure recouvrira tout.
Il chavire mes meilleures intentions, paranoïaque mon plus
simple plaisir, questionne toutes mes réalités.

L'amour ne guette pas, n'attend pas non plus.
Reprenons vite ce moment parce que le temps n'habite plus
de lieux veloutés.

Lorsque nous ne rirons plus ensemble, nous aurons maudit
notre vie et notre amour.

Frôlant le meurtre et le vide.

Nouvelle-Orléans

Yeux louches du départ
Un chien filou danse avec une lune entêtée.

Et nous, maigres coquillages, passons inaperçus
sur les routes magiques des univers flamboyants.

Les rythmes reggae, zydeco, bluesé, le jazz, cognent à la porte et
m'amènent parmi les oiseaux-mouches. J'ignore le mal aux
poignets où des chaines tatouaient ma peau, où les parasites
infectaient les plaies brulantes.

L'escalier mange mes pas incertains en grognant de plaisir
mauve.
Mauve comme le soleil de l'aube qui caresse à peine
la peau du visage.

La vie prodigieuse, 2000

Free at last

Je n'ai plus à faire de courbettes
plier l'échine
sourire poliment
ou politiquement.

Tu n'es plus là
respirant l'air de mes poumons
vérifiant mon pouls
(ma température ambiante).

Tu n'es plus là
tous les matins valent d'être vécus
je me réjouis de l'aube sans imposture
sans dictature
et sans menottes.

Merci
those small and tender mercies are a wondrous and great salvation.
L'écume disparait de ma bouche
l'esprit peut enfin grandir.

J'ai cru pendant un temps si long et tragiquement incertain
que je ne reverrais plus la lueur lucide du trajet solaire
l'horizon à l'infini comblé de tendresse.

Le silence me réjouit
me rassure
éteint le fracas de malheur dont tu m'enveloppais.

Avis dans le Tournebride

Répression de l'ivresse publique

Plus facile d'être menuisier ou garagiste que poète
livré à des batailles insensées
aux nuits rapaillées
raccommodées, rapiécées, vidées
égarées comme le fil des idées
courtepointes et fines prouesses.
La tête trouée se remplit, se vide, cisaille
rembourrée de conflits, de mémoires
espérantos culbutants.
La veille révise les paroles à peine lisibles à l'aube
balivernes, tendresses oubliées
regards questionneurs, regards joueurs
conversations interminables.
Jean-Marie et la jolie patronne
Olivier qui flexe des yeux d'orages
l'exubérance d'une soirée délicieuse

Si longtemps déjà, 2009

Enterrements

Je sais

pendant des heures
vos leurres sans fin
attendent

désormais
cadavres pourrissants
vous somnolez
chatouillés par les vers blancs
qui lèchent des os enfin tranquilles

sirotant les zones délicates
tamisées d'angoisse
se reposent
engrais

allongée là
parmi vos squelettes fétides
j'invente une musique d'été
j'entonne des mélodies juteuses
quelques requiem décoffrés
irrévérents même
et si joliment nantis
à danser langoureuse
avec vos silhouettes
sur les gazons feutrés
qui les abritent

la riche coiffure
du parterre partagé
témoigne de
l'oracle magique échevelant
qui prédisait votre fin

maintenant
planent au-dessus des pelouses succulentes
quelques vautours maraudeurs
épiant vos restes mal ensevelis

de loin
si loin déjà
des astres dans nos yeux

nos yeux
flammèches à défendre
du sort maudit
lancé
avec vos injures
que nous aurions dû
depuis si longtemps déjà
avec vous

enterrer vives

Jungle sportive

J'ai compris en zigzaguant
sur les zones interdites
agrippée à la poésie rodéo
dégringolant les pentes à pic
puis
quelques fonds et membres
artificiels plus tard
je sirote d'autres
mécontentements infructueux
en attendant la vie
qui tarde
et qui s'attarde
au cirque et au zoo
tandis que
la mort

elle

gourmande

arrive toujours
pile ou face

Rêve de naviguer

Voguant sur le voilier
Vie prodigieuse
jetée enfin par-dessus bord
poussée dans le vide
absolu
vorace
tant attendu

je suis survivante
réchappée
des
fainéantes platitudes
exaspérées
qui restent immobiles
et suspendues
dans l'attente
de l'oubli

Gracia Couturier (1951 -)

Ancrages 1, 2005

Comme un instant d'éternité

le papier se déchire
fragile sous ma plume
et mes mots d'amour

❧

des rêves d'enfants
perdus dans le noir
de la réglisse

❧

le jeune homme
parlait mariage au miroir
de sa chambre

❧

nos trahisons
comme des étoiles filantes
dans le firmament

❧

elle voit la route
déserte et le départ
tant de fois raté

⚜

au creux de l'évier
sur des éclats de miroir
des lambeaux de lèvres

⚜

des lettres d'amour
entourées d'un ruban rouge
et de quelques regrets

⚜

la brume se lève
tôt sur la rivière d'automne
je t'attends encore

⚜

Inédits

romans d'aéroport
pour passer le temps
sans le voir

récits de forêt
sur les feuilles d'un grand chêne
usiné

bourgeons de roses
pas encore des vraies fleurs
le temps me dure

trois lupins mauves
dans son flanc millénaire
cap Enragé

nénufar
j'aime la fleur
et le mot

au treillis fleuri
les abeilles boivent le pollen
moi, ton regard

une aile blanche
éclaboussée des embruns
du ressac

une fleur fatiguée
et tant d'autres poèmes
trop souvent offerts

lac gelé
des traces de mains
autour d'un trou

réveil de janvier
des cotons d'anges
décorent les arbres

usine à coton
fils de chaine entrelacés
de rêves utopiques

semis verdissants
sous les lampes artificielles
attente de l'été

❧

début mars déjà
les renvois d'eau dégorgent
mes souvenirs de neige

❧

tôt un matin
craquements sourds mais certains
le bris des glaces

❧

la danse des glaces
sur l'océan d'avril
encore une fois

❧

rivière en crue
parmi les glaces fondantes
une maison dérive

❧

aéroport bruyant
son odeur dans mes cheveux
retour solitaire

❧

de brefs souvenirs
mais que de désirs encore
entre nos deux corps

écorce de bouleau
ramassée à même le sol
j'écris ton nom

deux lèvres sèches
sur une cigarette éteinte
un vieillard se berce

dans la chambre en pénombre
une civière et un drap blanc

les bateaux
dans leurs amarres d'hiver
rêvant du large

les pêcheurs rassemblés
discutent de quotas

deux mains ridées
quatre broches bougeant à peine
une demi-mitaine

je t'imagine enfant
tu allais mains nues

dans un port de mer
au bout du quai loqueteux
une botte rouge attend

personnage laissé pour compte
mort au milieu du roman

❧

le savon flotte
parmi les jouets épars
près de la petite morte

sous les rondeurs de la lune
les chats miaulent en requiem

❧

un arrangement
de jolies fleurs rouges
et quelques brins d'herbe

la nuit, à l'ombre des stèles,
l'herbe croît dans son silence

France Daigle (1953 -)

Éloizes 4, 1981

Sur les traces de Marianne Godbout, cordonnière et savetière

i/

cuir rouge
peau verte
soupe aux pois jaunes du Québec
pratique des couleurs
pratique des effets
Montréal – 23ᵉ version
boucher tanneur sabotier
botte Wellington
botte de Hesse
botte sauvage traditionnelle
botte Souvorov, avec ou sans jambe
talon semelle empeigne
mitasse mocassin botte malouin
sur les traces de Marianne Godbout, cordonnière
            et savetière
son cuir son fil son brai sa graisse

ses propres outils

ii/

Montréal – 34e version
jeûner ou pas
s'habituer à l'humidité si possible
blues international des Juifs
la Pologne et autres principes religieux
annonce dans une vitrine :
person wanted to train as bagel baker
même annonce :
only serious applicants should apply
écorce de pruche
écorce de chêne
bois d'orme, de merisier, de plaine
bottier targier gantier
pratique des métiers
pratique de la faim
NOUVEAU-QUÉBEC NOUVEAU-QUÉBEC
       en manchette
peut-être que les journaux nous font des accroires
souper dans un magasin d'aliments naturels
éclater de rire la bouche pleine de fruits secs

s'aimer en pleine nuit à quatre heures de l'après-midi

iii/

lettre naïve d'Yvon Gallant ou 'man,
jus à môréal – 42ᵉ version
pas trop pire
on trouve que je fais pitié et que j'écris bien
on ramasse mes brouillons dans les cafés
mariwitch
plier les couches le soir après le souper
te rappelles-tu de ça 'man ?
chagrinier cellier bourrelier
boudroyeur hongraveur targier
au chrome ou à l'alun
Marianne, ton fil Marianne
ton brai ta graisse tes teintures
c'était un p'tit...
tourne ma roulette vire-vire-vire
c'était un p'tit...

comme si les vieux livres n'existaient que pour
qu'on les fasse craquer

Éloizes 7, 1983

Méditerranéennes 1

vaporeux au-dessus de sa tête l'après-midi
l'autre main sur une femme bien en chair et en noir
gorge battante et désireuse

ciel bas
immobilité classique
attendre que cela passe

lugubre et lisse comme ce qui
arrive toujours à la même heure
la mer comme la femme quand elle se lève
sans prévenir s'éloigne
muette
morte
insondable
aux olives compliquées

Méditerranéennes 2

que sais-je de penser à toi
là où je t'ai aimée tu ne me connaissais pas
tes ailes (grandes) sur moi
        comme des ombres inquiétantes

brouillons (brouillards)
par en dedans quelque chose
rire ou roucouler
les mots trop personnels d'une lettre

pulsion
l'écho argile de tes pas
mes usines quand tu passes

Éloizes 9, 1984

Pour Zahava où qu'elle soit

Alors ma chère Zahava tu es partie, tu es vraiment partie. Tu n'as pas changé d'idée à la dernière minute et ça ne peut donc jamais être toi que je crois apercevoir dans la mêlée. Toujours ce sont d'autres visages, davantage souffrants depuis que tu n'es plus ici il me semble. Dans leurs yeux la flamme s'est éteinte. Mais tu ne pouvais pas savoir toi tout ce que tu réveillais, si empressée étais-tu de faire éclater ta joie et ta jeunesse.

Quoi qu'il en soit j'écoute maintenant la radio militaire, et je pense aux gars dans l'armée. Je m'étends à côté d'eux comme l'a fait le président de ton pays, et pendant qu'ils dorment je polis leur fusil, comme tu l'as fait aussi, Jeanne d'Arc de ce nouvel âge, et avec toi je brule du feu sacré lorsque tu me le permets.

Zahava, comme ton pays, échapperas-tu toi aussi au contrôle suprême de Dieu? De la main je te faisais signe de revenir, mais sache qu'au fond je n'ignorais pas les lois impitoyables de l'exil et de la diaspora.

Ta photo maintenant à la place de mon portefeuille.

Cela m'attriste un peu de penser que je sois arrivée sur ta vie comme une pluie, même douce, arrive sur un feu. Exclue du défi que tu lançais à ta race, j'ai dû me tenir comme un barrage entre toi-même et ton sang, entre le sang qui monte et celui qui descend. Et peut-être était-il vain d'essayer d'exister dans la cohue de ton peuple, de vouloir trouver une place dans la responsabilité générale du crime.

...cette guerre n'est pas la mienne ne pas l'oublier.
...cette guerre n'est pas la mienne ne pas l'oublier.
...cette guerre n'est pas la mienne ne pas l'oublier.

Aleph 91/92 MW, de 6 heures à midi et les vendredis de 4 à 5, pièces classiques sur demande
Voice of Peace 154, de 7 h 30 à 9 heures et de minuit à 3 heures du matin, Modern Midnight Show
Guimmel à l'opposé de la voix de la paix, 6 à 8 heures tous les soirs
Poste de l'armée de 2 à 5 heures du matin, pour insomniaques

Toujours un certain manque de logique, comme les dernières pluies de ton pays avant la saison sèche qu'ici on appelle l'été.

Et regarde-nous maintenant Zahava, cette ville, ce train, autant de corps compromettants. Regarde et pardonne que d'ici peu j'aurai déjà pris trois autres tournants, trois autres nouvelles directions. Pardonne que tout ne soit pas toujours clair. Pardonne aux vieux idéaux et aux vieilles chansons, et pardonne que je vienne ajouter mon amour à ton fardeau déjà lourd.

Yerushaleim. Certains fêtent Pessah, d'autres sont en route vers la mosquée, comme tous les vendredis. Des milliers de chrétiens ont déjà foulé le chemin de la croix et dans deux jours ce sera Pâques. Trois dieux dans la même enceinte et pourtant, et faut-il encore s'en étonner, le tir des mitraillettes. Je trouve refuge dans une église. Dehors crient des blessés ainsi que les hautparleurs musulmans exhortant les plus valeureux de braver l'émeute pour venir donner du sang à la clinique du quartier. L'hystérie déforme les visages des femmes, les maris et les frères laissant transpirer leur haine et leur désir de vengeance. Dans un coin sombre de l'église, par son silence, un vieil Arabe commande sagesse et prudence. Son cœur aussi est plein, Zahava, plein et lourd. Et l'on constate jusqu'à quel point peut être vile la tâche humaine.

Une guerre s'érode jusqu'à devenir passionnelle, une guerre de la chair, où chacun des partenaires blâme l'autre de son manque d'élévation et de plaisir. Mais dis-moi encore, Zahava, la raison pourquoi il faut se battre, que je ne reste ni seule ni indifférente.

Le musée des instruments de musique n'était pas ouvert, à croire que peu de gens pouvaient encore avoir la tête à ce genre de chose. Plus tard un vieux Bédouin me joua une triste mélodie, à la fin de laquelle le chevalet de son instrument s'effondra. Entre une annonce publicitaire de la Banque Hapoalim et la Banque Leumi un bulletin de nouvelles, et toutes les oreilles se dressent pour entendre le bilan des victimes. Je suis seulement heureuse que l'autobus roule vite.

De retour au café Oslo à Tel-Aviv, je ressors mon carnet pour t'écrire. Je pense à ce pays où tout est à la fois si neuf et si vieux, où le pollen se mêle à la poussière, et où la main a raison de vouloir caresser une vieille pierre. Non Zahava, je ne suis pas juive, mais j'ai comme toi un peu de plomb dans le cœur. Car la paix aussi laisse des cicatrices, et l'immuable est partout prêt à témoigner de l'affreuse beauté du monde.

Chère Zahava, crois-tu que je sois opprimée?

Quelque temps plus tard, je t'écrirai encore. J'aurai alors recouvré mon ancien vocabulaire de mers courtes et de lettres mortes. Bien sûr, toujours la mort comme pièce principale, avec une petite pièce à l'arrière. Jurer de ne pas vivre au-delà d'une certaine limite. Bref, peu de choses auront changé et j'aurai ta photo à la place de mon portefeuille.

Et pardonne, Zahava, que je leur aie lu cette lettre. Je suis toujours ta femme cinglée, mais quelqu'une d'autre aussi. Depuis que tu as tranché dans mon esprit, il ne me reste qu'une vague impression, quelque peu endeuillée et recouverte d'une ample draperie, que seule une Zahava au feu sacré saurait ranimer.

Éloizes 11, 1985

Et cela dura

Puis, il n'y eut plus de poésie, plus de musique, plus
      de chansons
Il n'y eut plus que le silence, et le bruit des moteurs.
Il n'y eut plus de gouttes de pluie dégoulinant le long
      des fenêtres
Puis il n'y eut plus de fenêtres, à travers lesquelles
      voir
Il y eut seulement quelques mots épars, que la mort
      était venue chercher
Puis il n'y eut plus que l'ombre de la main de ces mots
Puis il n'y eut plus rien.
Plus rien à dire, plus rien à faire
La couleur s'était installée entre nous et avait pris
      toute la place.

C'était comme par quelque passé ténébreux, cela était
      sombre à étaler
C'était peut-être la mort, mort de nos rêves le matin
      au réveil
C'était peut-être la vie, vie au-delà des rêves après
      la mort le matin au réveil
C'était peut-être un peu tout cela mais nulle ne sut
      le dire

Nous ne savions pas
Cela était ténébreux et cela ne passait pas.

Et puis cela dura.
Comme une histoire dure cela dura quelques années,
      quelques siècles, quelques heures
Cela dura comme une histoire que l'on raconte plus tard,
      beaucoup plus tard
Comme des histoires que l'on se raconte tard, très tard
      dans la nuit de nos rêves évanouis.
Cela dura jusqu'à l'âge incertain de la vieillesse
Cela dura.
Il n'y eut plus rien à faire, et l'on ne fit plus rien.
La mort pouvait maintenant venir nous chercher.

Et elle vint
La mort vint nous chercher.

Éloizes 19, 1993

Le concert

Les Polonais ont les Russes en commun
Les Belges ont les Français en commun
Les Autrichiens ont les Allemands en commun
Et la pianiste joue
Et la pianiste joue

Mais la pianiste s'ennuie
Et pendant que ses doigts de virtuose
Courent le clavier
Elle, se lève
S'avance
Brandit son bras sur la baguette
Qui soutient le couvercle du piano
Laisse s'effondrer ledit couvercle
Puis confronte l'auditoire hébété
Par le fracas du silence

Et la pianiste joue
Et les Polonais ont les Russes en commun
Et les Belges ont les Français en commun
Et les Autrichiens ont les Allemands en commun

Le principe de la culture

Tout le monde est ici de plein droit
Mais certains ont les droits plus pleins que d'autres
Cela s'entend
Le tapis rouge se déroule
Devant ceux qui parlent déjà
De ce qui doit se produire
Car silence et culture ne font pas bon ménage
La culture est une chose appréciable
Qu'il faut apprécier à voix haute
Sinon elle s'enlise et s'endort dans la nuit des temps

—◦◦➛◆◅◦◦—

Poème inédit

Il pleut

Il pleut, j'écoute Satie
Juste là, à ma fenêtre
Les gouttes se font la fête
Dans ses Gymnopédies

Il pleut contre ma fenêtre, oui
Sans doute qu'il pleut vraiment
Tout le pays gondole, ce n'est donc
Pas moi qui pleure seulement

Il pleut sur mon écran, oui
Cela pleure par devant
Et par-derrière, eh bien,
Adieu veaux vaches cochons

Mes rives de rêve défilent
Je croise Satie au tournant
En moi le pont du Gard s'écroule
Lui, le doigt dans l'air du temps

Je pleure pendant que Satie...
Juste là, à ma fenêtre
Mes larmes se noient la tête
Dans ses Gymnopédies

Il pleut contre ma fenêtre, oui
Sans doute qu'il pleut vraiment
Tout le pays gondole, ce n'est donc
Pas moi qui pleure seulement

Édith Bourget (1954-)

Une terre bascule : textes poétiques et quelques tableaux, 1999

Lorsque le vent m'amène
un parfum de lavande
ou d'héliotrope,
des souvenirs de Provence
et de garrigue,
lorsqu'il soulève ma jupe
ou s'amuse dans mes cheveux,
lorsque l'orge tangue
et que les ombres des nuages
y flottent,
que la poussière,
mêlée aux aigrettes d'épilobe,
s'envole
ou que les feuilles bruissent,
j'arrête...

Un instant.
Des heures.

Vent fou, temps doux.
Ivresse et plénitude.
Là.

Pour ligoter ses souvenirs,
elle écrit de longues lettres
qu'elle envoie au passé.

Elle attend les réponses.

Encore et encore.

— ⋅⋙✦⋘⋅ —

Elle veut de grandes feuilles
de papier blanc et une plume
gorgée d'encre violette.

Aujourd'hui ce qu'elle a à dire
demande mille précautions.

Ce qu'elle ne dira pas
demandera mille ruses.

Dyane Léger (1954-)

Graines de fées, 1980

J'arrive.
Je sonne.
J'attends.
L'Attente sert un verre de soleils froids à mon miroir fatigué. Elle me sourit tempsdrement. Dans cet après-midi d'été, me reconnait-elle? Elle sort de ses poches une énigme. Pas de table? Elle allonge le bras, incline le ciel... étale ses morceaux de confusion sur la nappe bleue. Nous nous asseyons sur des nuages-fauteuils, et dans un silence absurde, nous résolvons l'énigme qui te révèle! Je suis heureuse! Toujours dans ce ton de silences, Elle dépose nos valises au bord d'une Parlee Beach, et donne à chacun de nous une boite de mots. Nous fouillons nos valises, rejoignons les loges pour y revêtir nos costumes d'enfants.

⸙⸙❖⸙⸙

Si je t'ennuie avec ces péchés de fées, il ne faut pas m'en vouloir. C'est que les chiennes ont mangé ma rose. C'est que ce matin, à minuit, j'ai bouilli mon cerveau au fond d'une folie fêlée. J'ai mangé le fiel d'espoirs déçus, ai nourri mes enfants d'illusions maigres. J'ai lavé la vaisselle, ne sachant plus si je rêvais que nos passions battaient aux vents comme des vieux draps désillusionnés, ou si vraiment tes attraits d'homme s'écoulaient dans l'urinoir comme une souillure en délire. Une chose est sure: en putain folle, mon crayon s'est mis à charrier mes sentiments à travers les lits de tes yeux.

⸙⸙❖⸙⸙

Quelqu'un frappe à ma porte. Le cauchemar entre. À son parapluie sont accrochés mes plus beaux jours. Ils me reprochent de les avoir abandonnés, estropiés dans l'heure. Derrière ce cauchemar, le sexe d'une veuve dépérie, les carcasses de mes rires, et des lambeaux de pendus battent aux vents pires. Derrière tout ça, loin derrière tout ça, portant des masques d'âges et des haches désillusionnantes, il y a les bourreaux. Les bourreaux qui, au passâge, fauchent mes jardins d'espoirs, étêtent mes belles cités d'enfances... « Ah ! ça suffit ! Vous n'allez pas recommencer ! »

—·◦➣➤◈◅◄◦·—

Je n'étais alors qu'une âme de poème, un poème sans mots. J'errais aux quatre vents comme un château de poussière sous les coups du balai. J'étais heureuse comme un enfant aux jeux, un chien pisseux, heureuse... Amusée, j'ai suivi le passetemps des sens, qui m'a délaissée toute nue dans une oasis dépaysée. [...]

Mais j'ai changé tranquillement depuis le premier chapitre. J'ai changé énormément depuis mon séjour en ce désert déguisé. Mes belles ailes de cupidon sont tombées, mes délicates franfreluches d'amants sont toutes ternies. J'ai poussé des mots : des beaux des laids, des grands des petits. J'ai poussé des fautes de français, des participes mal accordés, des comparaisons exagérées et les fantaisies d'une poète folle – et –, je sens que les jolies demoiselles me dédaignent, comme je dédaigne l'ignorance crasse !

Pourtant... J'aimerais tant...

Je me sens plus lourde, beaucoup plus lourde. Je ne peux plus flotter sur la brise comme lorsque je n'étais pas. Je me sens prise. Prise d'un entour-âge qui me serre par le temps, qui construit avec ce même temps la chair de ma prison. Je suis nature morte-vivante. Je suis le poème écrit.

Les anges en transit, 1992

En ce temps-là...
je trainais dans le ciel avec le fantôme d'une vieille machine à
écrire.
Je ne savais pas pourquoi les chiens des pauvres ouvraient la
bouche quand il neigeait, ni pourquoi les jambes des géants étaient
des corps de serpents.

En ce temps-là...
il ventait très fort et, dans le ciel, la lune était souvent au bout
de sa corde.
Je lui parlais comme un dompteur de fauves parle à une bête
et, tranquillement, je la calmais, je la ramenais comme la mer
ramène au port ses bateaux.

Loin de la tempête, je la berçais,
longuement, doucement, en lui lisant *La prose du Transsibérien*.
Berçant, lisant, jusqu'à ce que la cigarette du pendu ne dérange plus
la noirceur de la nuit, jusqu'à ce que l'enfant qui a mal aux dents
s'endorme.

Quand enfin j'entendais les chaines ronfler comme une maison qui
brule, que l'accalmie durait juste assez longtemps pour faire oublier
aux hommes le temps qui passe,
je délaissais les horloges défuntes pour la boule de cristal.

En ce temps-là,
je n'avais qu'à regarder dans la boule
et il se mettait à neiger des neiges plus blanches que les ailes des
anges...

Je n'avais qu'à penser à la Russie...
et des cathédrales plus chargées et plus assoiffées que les cara-
vanes de chameaux traversaient le désert et, si je continuais de
retarder, je voyais apparaitre le train. Derrière lui, les enfants et
les chiens couraient, essayant d'attraper le dernier wagon ou de
lui arracher son trésor.

C'est à ce moment précis que toutes les nuits,
le fantôme de la vieille machine à écrire bourrait sa pipe en me
            disant :
« Tu vois, le soleil n'est pas mort...
et la lune sera toujours un poème écrit à la main dans les étoiles. »

C'est à peu près en ce temps-là aussi que, pour la première
fois, j'ai senti le miroir comme une perversion et, quand son
œil froid a pénétré le mien, j'ai compris que je venais de tuer le
conte de fées que les religieuses de mon enfance avaient dicté.

—·◦▸▷◆◁◅◦·—

Le lendemain, au matin...
j'ai confronté ce qu'il y avait au fond de ses yeux.

Et là... au fond de sa misère noire et profonde comme le trou où
se cachent les monstres que voient les enfants, j'ai compris que
le marchand de toupies et l'Avorteuse d'anges faisaient réparer
leur chaussure au même cordonnier.

Et, quand le squelette de givre brise ses chaines, bondit hors de sa cage pour me pointer du doigt!!! je ne suis pas surprise de voir le fantôme de la mort tourbillonner comme une sorcière de vent dans les fuseaux horaires de la Sibérie.

Et j'y suis !!!

À attendre le train qui, comme le cri de la bête, déchire sauvagement les entrailles de la nuit.

Le train. Il s'arrête près du feu qui brule dans la neige.
Près des hommes qui regardent leurs mains, bleues comme le sang des tartes aux bleuets.

Le train. Il s'arrête à la fin des temps.
Aux pieds des hommes qui attendent, la gueule grande ouverte comme une fosse.

Le train. Il n'a pas apporté de lait, ni le soleil.
Il a stoppé net.

Tout près des femmes qui n'ont plus d'histoire à conter.
Trop près de ces femmes qui portent leur corps comme ma mère, la haine qu'elle éprouve contre mon père.

Comme elle, ces femmes acceptent mal... et n'oublient pas.
Comme elle, elles n'oublieront jamais leurs jeunesses perdues,
        leur vie ruinée.

Au début, elles ont prié Dieu...
Après, elles s'en sont prises aux hommes qui les avaient aimées.

J'aurais voulu ne pas entendre leur cœur se broyer. J'aurais
voulu ne pas lire les pensées de ces femmes qui rêvaient
d'acheter la mort, plus humaine que la cruauté du quotidien
qu'elles répétaient, calvaire après calvaire.

Mais le squelette de givre est sorti de ses limbes et a dit :
« Non. » Comme un sphinx, je regarde ces femmes déplacer en
silence la vie menant à un manque de respect humain.

Voyage après voyage, calvaire après calvaire, avec leurs pelles
pour pelleter la neige, avec leurs piques pour casser la glace.

Les unes après les autres, elles s'accroupissent, se laissent
atteler, halent sur leur échine, le charbon qu'elles chargent dans
le ventre du train.

Voyage après voyage. Calvaire après calvaire. Pour des siècles
et des siècles; comme le veut la prière.

Comme un boxeur dans une cathédrale, 1996

Avant que tout éclate en morceaux

Avant que tout éclate en morceaux
j'aimerais écrire dans ta main
un tout petit poème
du bout du doigt.
Un tout petit poème plein de chaleur
de lait
de miel
et de lumière.
Un poème où tu voudras passer l'hiver.

Avant que tout éclate en morceaux.

Vivre. Écrire.
Regarder la rhubarbe monter en graine.
La poussière recouvrir les meubles.
Faire le point. Poursuivre.
Tout détruire pour tout recommencer
parce que rendue là où j'en suis
je n'aime plus tellement l'histoire anyway.

Revenir s'échouer
sur une plage loin de tout.
Se demander pour la millième fois
jusqu'où peut-on aller trop loin?

Ça porte au cœur

Je n'ai pas perdu le désir de marcher
sur le sable ambré au mois de septembre
en célébrant l'automne.

Je n'ai pas perdu le désir de me coucher
dans le poème bleu de la mer
de te voir faire le fou avec les cormorans.

Oui
mon père
j'ai péché.
Je m'accuse de vouloir débander la momie dans laquelle je vis.
Je m'accuse d'avoir triché avec les cartes du Tarot.
D'avoir voulu changer mon existence.
D'avoir voulu tuer la part du Mal qui règne en moi.
Roi et Maitre.

La magie
comme la poésie
est sauvage.
Pur sang dans son indépendance.
Dans son échappée.

Maudits sont ceux qui croient pouvoir la dompter
se l'approprier.
Maudits sont ceux qui ont exproprié Jackie Vautour
et les autres qui ont abdiqué devant l'ennemi.
Il ne faut pas oublier les vieux.
Leurs amours de jeunesse laissées pour compte
dans les foins parfumés des Aboiteaux.

Leurs terres ne leur appartiennent plus.
Leurs amours non plus.
Une barrière cadenassée les fixe.
Les méprise. Les engueule.
Heureux sont les petits enfants qui reviennent à la maison
pour emprunter la scie à chaine
avec la ferme intention
de libérer le trèfle des champs.

Même si les vieux se butent.
Même s'ils disent : « On a fait ce qu'on a pu.
Les cartes sont tombées. C'est tout.
Vaut mieux faire comme nous. Passer l'éponge.
Essayer de vivre sans regarder en arrière.
Pas faire de trouble. À quoi ça servirait de brasser la vieille
marde ?
Du fumier, c'est du fumier. »

Même si les mots ont l'air de ne plus penser à rien
de ne plus contenir de rêves
de révolte
le poing n'a pas desserré lui.
Même si ces vieux ont accepté de laisser passer le temps
et que la parenté exilée insinue le pire...
Ces soi-disant vieilles canailles
sont fières de leur progéniture réfractaire.

On ne met pas des chevaux sauvages en cage.
Ils vont mourir.
On ne met pas des hommes élevés près de la mer
dans les bois.
Ils vont étouffer.
Le vide de leur passage sera épouvantable.
Intolérable.
Le sang noir.
Caillé.
Ça porte au cœur.

Intolérable.
Ce cafard qui remonte des tulipes.
Ce rouge qui balaie la dune.
Ce noir du dernier coup de dés.
Impossible d'oublier
ces terres dorées.
Cet orignal creusant la neige
essayant de déterrer les pommiers morts.

Encore aujourd'hui
les images d'archives me crèvent le cœur.
Quand je vois le bulldozer tuer ta maison
la haine me touche là où on crie : « Infraction. »
KOUCHIBOUGUAC.

Mal placée
la marée
pour rouler ses « R ».

Tentative d'apologie

Ne m'en veux pas.
Les femmes sont les seules
à voir l'amour sur son lit de mort
à nettoyer les oreilles des enfants
à ne pas oublier qu'en vieillissant
les chiens ont aussi besoin de tendresse.

Les femmes se souviennent.
Voilà.
Au creux de leur nuit
elles savent
et je sais.

Il y a un manque
et une question.

Nostalgies

Je pense à vous souvent.
Avec déraison. Avec affection.

Je sais.
Il est trop tard.

Je regarde le pays.
J'inspecte les draps
dans une chambre d'hôtel.

Trop blanc d'hiver.
Trop effrontée l'inquiétude.
Pas assez pertinent (percutant) le sens du voyage.
Comme la petite Jehanne de France
je redemande pour la centième fois :

« Dites-moi, Blaise, rien qu'à moi toute scule.
Dites-moi, je vous en prie.
Sommes-nous encore bien loin de la fin du monde ? »

Détail

Les braconniers traversent l'aube à la sauvette
courent dans le sous-bois
près de la clairière.

Faut dire...
Les braconniers durent plus longtemps
que la chasse
moins longtemps que les faisans
que tu caches dans tes yeux.

Clin d'œil.
Complice.

Le bonheur n'existe pas.
Autant se faire à l'idée.
Au plus sacrant.
Au plus vite.

Crever l'abcès.
Avant la fin du livre.

Credo poétique

Mieux vaut devenir un fantôme
hanté par l'écriture
la poésie et l'art.
Tout ce qu'il y a de plus intangible.
Tout ce qui fait partie de cette recherche d'absolu.
De cet équilibre parfait. Impossible à vivre.
Au lieu d'essayer de cohabiter avec la médiocrité
et la frivolité du « comme il faut. »
Si insupportable.

Balafre

Je n'ai pas choisi d'être une femme.
Je n'ai pas choisi de vivre à côté des hommes.
Dans l'ombre.
Je n'ai pas choisi d'être la gardienne de vos enfants.
De vos rêves. De vos chiens. De vos maisons.
Je n'ai pas choisi de mâcher les mots.
De murer ce que je dois toute ma vie exprimer.
Mon rêve le plus fou – le plus wild –
n'était pas de domestiquer le quotidien.
(Il est plus fort que moi ce besoin d'aller jusqu'au bout.)

Lorsque vous parlez de vos livres
de vos toiles
de vos films
j'écoute.
Je vous écoute me dire.
La vie vous appartient.
Le monde vous appartient.
Je vous écoute me raconter.
Comme l'albatros
vous planez au-dessus du chaos
au-dessus du précipice.
Je vous écoute raconter vos histoires.
Toujours les mêmes.
Et puis
quand vous vous décidez de revenir sur terre
je suis là
comme toujours
à vous attendre
à m'inquiéter.

Mais ce soir
j'ai envie de parler.
De vous dire. À mon tour.
Ne plus faire la bonne fille
assise au coin de la table
celle qui vous porte toute son attention.

Ce soir
j'ai envie de briser les verres.
De percer le cœur des choses.
De les situer.
De les fixer.
Une fois pour toutes.

J'ai envie d'avoir des yeux et aussi un regard.
Il faut bien que je fasse un peu de bruit.
Moi aussi.
Je répète.
Moi aussi.
Je vis.
Je respire.
Je christ le destin
de tout ce qui bêtifie mon existence.

Je n'écris pas autant que je le veux.
Pas autant que mon souffle l'exige.

Pourquoi vous faut-il si longtemps
pour m'ouvrir la fichue porte !!!

Le dragon de la dernière heure, 1999

L'irrévocable de l'écriture ou revenir en arrière

Très tard la nuit
avant même que le dernier verre
accouche du lendemain
notre désir de changer le monde
s'impose.

Très tôt le matin
avant que le café
réveille les mots qui deviennent raison
mon manque d'audace
commande.

Dans mes dérives sensorielles
je vois les bateaux s'envoler.
Les vêtements se suspendre à la corde.
Les enfants rouler sous leurs semelles
le caillou
qui les entraine jusqu'à l'école.

Sous ma vieille chaise
près de mon vieux feu
pas une tête de chien ne bouge.

Pourtant à l'aurore
quand il n'y a pas maldonne
le soleil se lève.

Un brasier sur la mer.

Avant
lorsque je pensais savoir écrire
j'étais persuadée que l'écriture était un bateau insubmersible
et que dans le cas contraire
la poésie retrouverait sa forme humaine
et inventerait le port qui me sauverait.

Avant
quand tout était tranquille en dedans et en dehors de moi
il n'y avait aucun doute.
Les choses étaient et les mots avaient un sens.

Maintenant
un cyclone maléfique a tout ravagé.
Souvenirs. Certitudes. Croyances.
Tout ce qui constitue l'ancre de l'existence.
Disparu.
Les chameaux volants.
La caravane sédentaire.
Le canard du Labrador. [...]

Avant
il y avait dans la cour de cette maison
une balançoire où les arbres se donnaient la main.
Avant
il y avait dans mon cœur
des livres que je pensais pouvoir écrire.

Maintenant
il y a une incertitude qui ne fait que grandir
et parler plus fort
avec chaque livre écrit.
Chaque phrase qui sort de mon cœur
devient une écriture mystérieuse qui m'éloigne
de plus en plus de la vraie vie.

Je voudrais tant que le voile se lève.
Je voudrais tant ne plus rien vouloir.

L'emmerdeuse

Ne me dis pas que tu penses vraiment
que la Belle au bois dormant
après cent ans de sommeil s'en est sortie indemne?
Si tu crois à ces balivernes
tu crois probablement que la solitude est un jeu d'enfant.

Je t'en prie ne fais pas mal à la main qui écrit.
Les chenilles deviennent des papillons.
Les grenouilles se métamorphosent en princes.
Et la voix se casse
quand l'émotion lui met au cou
une cravate trop serrée.

La flamme que je couve en dedans de moi
n'a jamais su pondre des ailes de feu
ni des pluies d'émeraudes.
Dans ma forge
le métal ne s'est jamais transformé en or.
Je n'ai ni l'ambition
ni le désir de réussir
là où les chevaliers se sont avoués vaincus
là où mon père et ma mère ont dû se rendre compte
que lorsque le lait de la tendresse est renversé
les voiles des bateaux s'étouffent.

Comment t'imaginais-tu qu'une femme
qui ne sait même plus son âge
soit capable de sauver l'auroch?
Comment pensais-tu qu'une femme
incapable de calmer l'inquiétude d'un enfant
qui se met à avoir peur que sa maison ne brule
soit capable de sauver le monde?

Comment veux-tu qu'une femme
incapable de se souvenir si le mot autel (hôtel)
est masculin ou féminin
soit capable de se sauver elle-même?

Agneau.
Femelle.
Noir.

Mon cœur est un vieux ciel.
Trop grand pour être accroché à la mamelle de la Vie.
Bien que trop grand pour ne pas être sevré.
Bien que trop glouton pour être rassasié.
Et pourtant...
la Vie ne semble pas m'en vouloir.
Elle continue de m'offrir tant que je lui en redemande
la beauté de ses pages écrites, de ses toiles peintes.
Elle me laisse me régaler de la splendeur du langage des oiseaux
et de celle de la voix humaine quand elle vient de Dieu.

Qu'elle me parait belle la vie
quand elle est racontée par les lèvres de ceux qui l'aiment.
Qu'il me parait apprivoisable l'amour
quand il est chanté par le désir de la liberté.

Ne dit-on pas qu'à un moment donné
l'homme qui le veut vraiment
se voit donner une deuxième chance?
Et qu'à partir du premier matin du reste de ses jours
la tourterelle triste ne chantera plus
jamais plus de la même manière?

Martine L. Jacquot (1955 -)

Route 138, 1989

Le cap Blomidon se dresse comme
un sein d'amazone
entre la mer et la nuit violette
la nuit d'hiver

Je voulais te rapporter
des fleurs des champs
des roses des sables

Il ne reste plus que des
boutons de givre
entre le pourpre d'*Evangeline Beach*
et le mur de la nuit aux ramages
glacés

Et sur la plaine aux constellations éparses
les fenêtres s'allument une à une
autant d'écrans de
solitudes

—◦▷◆◁◦—

D'un regard j'embrasse l'océan
tout un continent mouvant
toujours différent
aux couleurs
sans nom
le pays des
sans pays

Une nouvelle vague recouvre la lagune
geste rituel sur la langue de sable blanc
depuis des
millénaires
et les voiles se dessinent de plus en plus
petites
entre le ciel et
l'eau

Je ne sais pas si vous avez pris la mer
ou si c'est la mer qui
vous a pris

— ⋅⊃⊃✦⊂⊂⋅ —

Veines sur
ma main comme
rivières sur
le continent
bleues
personne ne saura jamais
ce qu'elles charrient

— ⋅⊃⊃✦⊂⊂⋅ —

Étapes, 2001

En Chine on appelle *li*
Les lignes qui zèbrent un bloc de jade
Le nombre de strates renforce la qualité
et la valeur de la pierre
Par extension
li
c'est la confiance
le respect
la cérémonie de vivre de tout un peuple

La lie
c'est ce que nous remuons l'un en l'autre
et qui trouble nos regards
C'est une innocence d'enfant
une caresse sur la joue
un parfum oublié d'un jardin d'antan
un souffle du vent comme un soupir en dormant
un chavirement de premier amour

Il y a en ton cœur
plus de stries que de rides sur l'eau
que je voudrais sonder une à une
Cicatrices ou rubans de velours
coups de poignard ou voyages à travers le temps
je me noie dans la mappemonde de ton onde
verte et
profonde

li
est ce que tu me dis
quand ta bouche se fait muette
des images qui dansent
de l'autre côté de tes yeux
Moi
je lis dans tes yeux
plus de tendresse que celle qui dort
dans notre lit

Comme les lèvres se soudent
à l'horizon d'un baiser
je plonge en toi
comme un navire sombre
vers des iles merveilleuses et vertes
d'un voyage sans retour
et à chaque remous
plus profondément
je me lie à toi

J'ai rêvé d'une forêt de cendres grises
arbres silencieux
sourds
J'ai rêvé de terres incendiées
ravagées
Marche nocturne espace dévasté
Hier encore les cerfs couraient
Au matin les buissons avaient mis leur masque
vert

Traces sur les pierres
villages indiens
métis
oubliés
Langage du mystère
d'un hier incertain
Empreintes pourtant immanentes

Le vent et la lune
seuls
savent

Lieu magnétique
lieu de ceux qui savaient
encore
lire la paume de la pierre
les lignes du vent

Pétroglyphes et graffitis
messages silencieux
empreintes d'un cri
deux mondes

⟶⟫⟫✦⟪⟪⟵

Dilemme insoluble entre
le soulagement du
choix du départ
et la nostalgie des racines
Écartèlement définitif

⟶⟫⟫✦⟪⟪⟵

J'écris à ma table de
cuisine
au milieu des
cris d'enfants
cris de vie
cris d'amour
J'écris au présent
j'écris ma féminité
j'écris la nourriture du cœur

⟶⟫⟫✦⟪⟪⟵

Un jour
le présent
ce moment où l'on capte
où l'on vibre
où l'on vit
où l'on n'efface
rien

Points de repère sur palimpseste usé, 2002

Il y a des jours de pleurs et des jours de fous. Rien ne se passe jamais comme prévu, de toute façon. Le cinéma intérieur et la réalité, deux rails parallèles.

Le pare-brise se couvre de givre par un matin de printemps. Pourtant, j'écris sur l'écran de la tempête des mots de cristal. Parce qu'il y a des jours pour les larmes et des jours pour l'espoir.

—◦➣➤✦➤◦—

L'amour est une peau de chagrin qui rétrécit quand les rayons tiédissent. L'on se retrouve, telle une vieille pomme flétrie, seul au fond d'un panier. Un instant pourtant, le changement d'éclairage avait ouvert la porte de l'illusion.

—◦➣➤✦➤◦—

La rivière remplit l'océan. Gouttes fraiches comme mots nouveaux.

Savez-vous encore regarder l'eau laver la roche et couler sous
la dentelle de glace ?

La falaise s'effrite. Le temps s'use. Mais la vague revient
dessiner une nouvelle ligne d'algues et de cordages emmêlés.
L'enfant ramasse des bois flottés pour construire un bateau de
rêve, et moi, je collectionne des mots simples et oubliés qui se
mettent à briller comme des agates mouillées.

Un oiseau bleu a abandonné sa plume sur une écorce de bouleau.
Radeau sur une mer d'indifférence. Univers, loin de vos solitudes.

—·ᴐᴐ✦ᴄᴄ·—

Nul n'était besoin d'aller si loin pour tout oublier. Il suffisait
d'aller nager, tout près, dans le lac, parmi les poissons et
les grenouilles, les nénufars jaunes et les iris mauves, de
fermer les yeux et laisser le soleil couchant tracer des lueurs
incandescentes sur l'intérieur des paupières. Et alors, plus
rien n'existera que la fraicheur de l'eau et la douceur de l'air.
Et alors, il sera enfin possible d'entendre couler la rivière
souterraine, libérée de l'emprise des glaces.

Le silence de la neige, 2007

Un chant plaintif subsiste
malgré les bourrasques
au-delà des appels à la prière
Un air langoureux se perd dans
les espaces blancs
Un refrain sans paroles parle de nous
et reste suspendu dans
l'immense mémoire du temps

—◦➢➣❖➢➢◦—

Ne pas laisser au grand sablier du temps
le droit d'aplanir la forme que nos corps
ont creusée dans les dunes de l'immensité
Ne pas laisser le vent couvrir la mélodie
que nous avons composée en duo
        ce soir-là

—◦➢➣❖➢➢◦—

J'avais sans le savoir
rendez-vous avec le miracle
Être toujours prêt pour l'inespéré
pousser le quotidien sur le côté
pour faire place à
la beauté

Sortir de l'antichambre de l'attente

Pauline Dugas (1957 -)

Fragment d'eau, 2009

Avril

jardin d'eau suspendu
et jusqu'à l'horizon
s'enchevêtrent les nuances d'un gris infini
quand portés par l'eau roide
des amoncèlements de glaces
soudainement
battent de l'aile

Au pied du paysage

fin de journée
chatouillée d'éparses mélodies de criquets

pour son dernier tour de piste
l'été somptueusement répandu

telle une nappe bleue
qu'on lisse du plat de la main

la mer

pour ravir le regard
pour rien d'autre que cela

clapotis de lumière
au pied du paysage

Polyphonie hivernale

arbres
squelettes d'albâtre

ciel
fumée lilas

feuilles
bruissement idem

rouge-gorge à venir

Tollé

un astre en lambeaux
se comporte ce soir
comme un kamikaze

toutefois nos paupières sont closes
pour ne rien voir arriver du désastre
de la fuite éperdue
des arbres, des mers et autres immensités

du faite du plus haut des arbres
chant crécelle
d'un immense corbeau noir
le tollé des étoiles s'élève

est via

Charpente matinale, 2012

Noue

un enfant voyage seul dans le ventre de la nuit
sa charpente osseuse scintille d'étoiles à neutrons
ondule au-dessus de montagnes aux terres grasses
traverse des lucarnes de cristal

quelques jours encore

de l'enceinte de sa mère

jusqu'à nous

Portevoix

quand l'enfant aura terminé de construire son portevoix

il sera devenu grand

déambulera dans quelques cités sphériques
peuplées de chants étranges
de fresques littorales aux visages enflammés

reviendra un jour comme à rebours

tremper ses pieds dans la mer

Ainsi

manœuvre d'oiseaux frileux s'alignant en cascades
sur un fil électrique

nuage affolé de fourmis s'éparpillant vers un talus

sonnerie de téléphone

la voix de ma mère
le tour de notre monde
et nous terminons souvent par
« la vie est une chiennerie »

et cela nous fait bien rire
croyant pour un temps encore
conjurer

ainsi

Chevrons de nuit

six pieds sous terre
roulent à tombeaux ouverts
les os de mon père
les cendres de ma mère

intrados
extrados

aboiements en crescendo

traverse direction sud

un vol d'oiseaux

j'arrive au matin

dans les pas luisants de la nuit

Cavale des crépuscules

la cavale des crépuscules
nous aura surpris
courant sur la neige folle
les cheveux emmêlés
un tatouage de laine brute, de soie fine sur l'épaule

une accalmie alors

L'étrange danse

dans le virage avant Sainte-Anne-du-Bocage

vue sur la mer

et aspirant toute la lumière du pavé
des entrailles rougissantes

frôlée à tout moment par les pneus crissant des voitures

l'étrange danse de deux corneilles s'affairant
à vider le corps d'un oiseau

Ailleurs

la barque des morts chargée à ras bords glisse indéfinissable
au-dessus de la baie en dégel
près d'une église
où deux peupliers gigantesques égratignent de leurs doigts tordus
le bleu tendre du ciel

l'évanescence de l'horizon nous a revêtus comme entrelacs de vitraux
d'une lumière vive aux éclats fauves
et l'air froid et suspendu
virevolte sous nos pas y déposant comme un présage
les plumes fines d'un geai bleu
et puisque n'existe que la réalité de nos pensées
nous voilà courant sur la baie blanche ébahie de bleu
transis
survolant comme dans un tableau de Chagall
l'inédit de nos âmes
dis-moi je t'en prie
comment survivre ailleurs

Marie-Claire Dugas (1962 -)

Le pont de verre, 2003

Je rêve de faire naitre des étoiles dans le creux de mes mains

—◦▰▰◈◧◧◦—

J'écris dans le noir
Je marche à tâtons
Je ne reconnais plus les visages
Je ne me souviens plus des noms

Mais mon corps se rappelle
Et me parle
Dans une langue
Que je ne comprends pas

—◦▰▰◈◧◧◦—

Aime-moi jusqu'à la douleur
Brise-moi
Enferme-moi
Montre-moi ce dont je suis capable
Sculpte-moi
Que mon désir ait la forme de tes mains
Couvre-moi de ton nom
Que je sois enfin débarrassée de moi-même

—◦▰▰◈◧◧◦—

Nous roulons dans les replis de la terre
Dans des voitures américaines qui grondent entre nos jambes
Nous rions
Nous avalons la vie à pleins poumons
Nous respirons
Nous respirerons
Toi et moi

Viens
Traversons ce pont de verre
Allons sur l'autre rive
Là où la terre a gout de cendre
Je m'étendrai dans la cendre chaude
Tu me verras mourir et couler
Tu me verras renaitre
Laisse-moi t'éblouir
Viens
Je vais t'en mettre plein la vue dans la cendre et dans le sang

—◦⊱⟡⟡⟡⟡⟡◦—

La vie est trop petite
Ce que j'ai en moi est trop grand
Comme une plaie vivante

Je voudrais que ma vie soit une étoile filante
Rapide et fulgurante

—◦❧◦✦◦❧◦—

Ne pas penser
Rouler
Être en mouvement
Sentir que je vis
Sentir l'alcool dans mon sang
Le vent sur ma peau le moteur entre mes jambes
Sentir que la vie est partout
Oublier que la mort existe

Je ne veux plus dormir
Je veux tout voir tout sentir
Je veux que mes yeux s'agrandissent
Pour que plus rien ne m'échappe

L'autoroute devant moi
Comme l'éternité à perte de vue avec le ciel tout autour
Et moi au milieu de tout ça
Entourée saisie et prise
Moi
Remplie par ce désert
Moi qui en redemande
Moi qui bois à même le corps du monde
Et un gout merveilleux de liberté me colle aux lèvres

Ma moto me fait l'amour
Je serre les cuisses
Plus rien ne peux m'arrêter
Les arbres peuvent me barrer la route
Les murs peuvent se dresser devant moi
Le choc ne me fera qu'aller plus vite
Le choc me projettera plus loin
Et je brulerai enfin
J'exploserai
Et me disperserai aux quatre coins de l'univers

Il n'y a que cette flamme en moi
Ce gout d'absolu
Ce gout du vide
Ce gout de sable
De sang
D'espoir et de fruits murs
Ce gout de vin victorieux et doux
Ce gout de larmes et de caresses

Je suis enfin libre
Débarrassée de moi-même
Dépouillée de tout
Vidée
Je suis libre
Je vole au-dessus des maisons
Je plane au-delà des mers
Je sens mon cœur battre et mon sang vibrer
Pareille à ce phénix

Judith Hamel (1964-2005)

En chair et en eau, 1993

Sculpture

D'abord il y avait le roc
Abrupt effrayant seul
Tes phalanges l'ont allongé
Presque une pâte dans tes paumes
Sur le même million de petits grains rugueux
Tes deux doigts identiques ont creusé une rivière
Des abords gris et brunâtres
Un flot incessant
Alourdis du plaisir recherché
Tes bras
En glissant
Ont fait rosir le vallon aux côtes indécentes

Pour ne rien dire

Après minuit
Le dédain de dire qu'il manque ton corps
Dans le vieux fauteuil du coin
Que le matelas de mousse se creuse au milieu
Que le téléphone est la plus belle invention
Et
L'insignifiance de dire
Qu'il pleut depuis le matin
Que la concierge est en vacances
Que la buanderie sera encore bondée
Ta voix
Dans l'appareil
Ma bouche momifiée
Empêtrée dans douze-mille fils
Mes mots distordus

Ce que tu as entendu n'est pas ce que j'ai dit

Il y avait

L'affiche scintillante de Blue Zone derrière le bar
La Moosehead qui m'irritait la gorge
Les skinheads qui grattaient le suède de mon manteau
Love and Rockets qui bourdonnaient dans mes oreilles
Guy qui roulait et déroulait
Son billet d'avion pour l'Europe
Les Winston qui remplissaient mes narines
D'une odeur de plage
Un verre de vin blanc qui dégoulinait sur mon pouce
Une table trop petite pour six
Un Français frustré de ne pas gagner à la machine Joker
L'éclairage rouge sur la piste de danse
La sueur de mon corps après The Cure
Mon foulard de laine piquant
Ces gros nuages dans le ciel
Cette moto figée dans le sol
Un escalier vide et une porte lourde
Un silence et une chambre claire
Une odeur qui s'estompe dans l'appartement
Il y a une absence qui remplace le réveille-matin

Les échappées du temps

L'hiver ne viendra pas cette année
Les enfants sur la High Street
N'ont plus rien dans les yeux

Le héros coulé dans le béton au Victoria Park
N'a plus rien à dire
Tous les noms gravés à ses pieds
Méconnaissables inconnus
Il se tait
Dans la dernière foulée des feuilles séchées
Il se tait

Je sais que l'hiver ne viendra pas cette année

Onze notes changeantes, 2003

Raconter tout d'eux

En écartant le ciel
Juste au-dessus de nos têtes
Ils sont là
Riants
Les dieux de ce monde
S'amusant de nous voir trébucher

Je ne m'arrête pas
Je remplis chaque seconde d'un souffle neuf
Je bave d'envie
D'avaler leurs risettes
Et de cracher ma volonté de tout raconter
À propos d'eux

Leurs secrets
Leurs mensonges
Leurs peurs
Leurs méprises
Leurs incertitudes

Raconter tout
De ce qu'ils ne sont pas

Raconter tout
De nous

Tout de mon doute

Et puis après ?

Après
La maison familiale est vendue
Celle où je suis née
D'où je suis partie
Il y a vingt ans
Pour atterrir ici

Je n'ai plus d'attaches ailleurs
Je suis toute ici
Je me redéfinis
Pas définitivement
Jamais
Provisoirement
Dans l'instant qui se fait
Et qui se refait

Heureusement

Sans fin

Que dis-tu ?

Que dis-tu des couleurs qui glissent autour
Des nuances qui nous embrassent
Des éclairages révélant nos états d'âme

Ton silence me fait plonger dans le passé
Ce n'est pas ma place
Je me révèle au présent
Là je trouve les accords de l'harmonie
Ton silence n'est pas mon guide
Je m'y perds

Je cherche une autre place
L'impératrice se rapproche de moi
Je pétris le bleu et le rouge
Je rallie le ciel et le centre de la terre
Les ondes violettes se multiplient
Je laisse des halos m'envelopper
Tu me dis tu et tout

Je marche sur la corde raide
En parfait équilibre de funambule

Chute amortie

Je tombe
Le sol a une texture d'écorce ravagée
Ma chute est amortie

Les odeurs s'infiltrent dans mon corps
Je reconnais une voix
Puis une autre

J'ai 13 ans
Je ne suis pas où je devrais être
Je ne ressemble pas à ce que je suis
Le temps m'a trompée
L'idée de vengeance gruge mon front
Il ne sera jamais plus lisse

J'ai 3 ans
Je ne sais pas où je devrais être
Je ne reconnais pas ce que je sais
L'espace m'a trompée
L'idée de trahison crispe mes mains
Elles ne seront jamais plus petites

J'ai − 72 ans
Je ressens ce qui m'habite
Je redoute ce qui peut me quitter
La pensée me tient de couronne
La sensation de partir me tient par les coudes
Ils seront toujours fragiles

J'ai – 344 ans
Je crains ce qui m'échappe
Je minimise ce qui ne se calcule pas
Le corps me sert d'armure
La sensation de revenir me monte à la gorge

Ma gorge toujours offerte
À l'émotion de se retrouver embrassée

Un antidote
À la sensation d'être serrée
Coinçant tout ce qui devrait être libéré
Mes mots

Comme mes baisers

Brigitte Harrison (1968-)

L'écran du monde, 2005

Pouvoir parler un peu
toutes les langues du monde
afin de réconforter les exilés
en terre étrangère
qui ne reconnaissent plus la chaleur
des mots fraternels
que dans une version déracinée

—◦▭◆◅◦—

Canal Canada, Média Météo (Marshall McLuhan)

Média organise l'évènement
l'avènement de la marche nuptiale
le momentum l'orgasme
informatise les faits
propreté salubrité image
son maximise purifie
pare-balles pare-brise
paralyse pétrifie
le téléviseur vise

     volatilise

—◦▭◆◅◦—

le reste s'édifie en silence
s'identifie en mur de silence
les mains aux aguets en œillères
les yeux regardent
l'image transparente
sur la civière
de la crevaison
en direct du monde

—⋅☞⟐❖⟐☜⋅—

les oreillers réchauffent une tête
bouillante de fièvre
l'oreiller réchauffe la bouillie
d'un obus éclaté
sur un lit de viscères
à quatre jambes
huit bras d'urgence

—⋅☞⟐❖⟐☜⋅—

dénonciation contemporaine
nécessité ménage
le médium est devenu...
fin de la transmission

un mensonge

findelatransmissionfindelatransmission

Le cirque solitaire, 2007

Esclave

Nous avons courbé la tête
Et entré nos pieds dans la terre
Ils ont rasé nos cerveaux

Coupé nos vivres

Les corps amaigris
Les jambes écartées
Traités comme du bétail

Le troupeau avance et l'esclave
Dans ses chaines
Prie son bourreau
De lui délier les poings

Afin de mourir libre

———⸭⸭✦⸭⸭———

Regarder droit dans le visage
De la mort et se retenir
Une seconde

N'est-ce pas terrible
Se savoir aimée
Et comprendre à la fin
Du jour
Que ça ne suffit plus pour vivre

L'écoute des fragments, 2011

Clown

Les masques envahissent nos visages
Le pourpre rideau du spectacle se lève
Le cirque frémit sous les claquements des talons
Pendant la danse du retour du diable
Chapeaux, potirons, patapoufs, malfaisants
Grincent des dents et nous font rire
Le vacarme de la farandole nous heurte

Concierge

Se ronger les sens est une tâche inutile
Lavant le plancher de la demeure des insensés
L'homme est un piège inventé par l'homme
Nul autre être ne porte autant de destruction

Concierge

La serpillère lèche le sol
Je lave les tracas du bonheur
Sortis en torpeur des abus du passé

Clown

Je me démantèle tout le temps
Les baffes humiliantes
Les claques sur la peau blanchie
De mon visage et de mon cou me blessent
Le coup de pied au derrière désamorce les obus
Les éclats de rire explosent sur les estrades
Caché dans ma jupe de bouffonne
La tête entre les jambes
Cul fendu contre ciel
Je les observe à l'envers
Vulgaire et fier

—◦·➤➡◆◀⬅·◦—

L'avenir est une maitresse
En apprendre les secrets
Risque de révéler la source
Des regrets

Georgette LeBlanc (1977 -)

Alma, 2006

Prologue

la brume a point de saison
elle apparait comme un drap épais
la nuit comme le jour
l'hiver comme l'été
de la brume c'est point de la laine
c'est point de la neige
c'est même point un mur
c'est des milliers de petits nuages de pluie
des nuages de pixels qui dansont
sans *map*
sans identité
c'est point la brume qui sait qui ce qu'elle est
pis ça l'inquiète point

mais il y a de-quoi dans sa présence
elle nous habille
elle marque un territoire qu'ej reconnaissons pus
dans un silence qui mire la noirceur
mais qui y arrivera jamais
dans un silence qui ralentit

quand ce qu'elle arrive
c'est parce qu'il y avait trop de soleil
parce qu'il faisait trop beau
parce que les goélands sont affamés

parce qu'il y a trop de touristes à la côte
parce que le corps nu menace

mais c'est point de sa faute
c'est même point une faute si elle arrive comme ça
sans raison
en silence

son arrivée est plus douce que l'église
c'est point un dimanche rancunier
c'est point la conscience qui l'emmène là
elle est point motivée par une envie de guerre ni de sang
c'est sa nature qui la force
elle avance et grouille tranquille
comme si elle était à sa place partout

le jour après le passage de la brume
le village voit des traces
une *skirt* laissée dans un parc
une *car* laissée dans un *driveway*
trois bouteilles de rhum vides sur un pavé
une femme qui voit croche
pis le village braque
de la pitchetrie
des petites *pitchs*

selon les mois
selon l'épaisseur de la brume
les traces comme des paumes *landont* dans les goules de cuir
et personne joue vraiment pour gagner
c'est rinqu'une *game*
c'est à cause de la brume qu'ils alliont point reconnaitre
l'Antercri
il arriverait un soir épais
un ange pris sur la terre
ni fantôme ni personne
à moitié chemin
à moitié vie

l'Antercri arriverait dans la nuit d'une brume épaisse
ses bottes noires cirées
sa moustache noire cirée
ses beaux mots cirés
l'Antercri serait la *game* de baseball dans une *pitch*
la première et la dernière *pitch* dans une *move*
le village saurait pus quoi dire
pis c'était ça le problème

François le Premier s'en fut dans le bois avec sa famille
ceux-là qui vouliont perdre leur langue
pourriont rester à la côte
il fut s'installer dans le fi fin fond du bois
où ce qu'il était sûr que la brume l'attraperait point
il croyait qu'il allait se rendre en temps
mais la *joke* était su' lui
ça que François le Premier savait point
c'est que l'Antercri comme la peur
est la seule affaire qui va te suivre quand ce que tu te sauves
l'Antercri était dans le bois itou
l'Antercri était partout

François le Premier guettait un homme grand
déjà fait déjà mâle
mais l'Antercri c'était point un homme
c'était même point tout à fait un rêve
l'Antercri c'était la promesse
c'était le braquement du désir
de vouloir attraper de-quoi qui s'attrape point

la naissance d'Alma fut tendre
elle sortit de sa mère d'écorce
et ses bras et ses mains et ses pieds
arrêtiont point de nager
comme une picogie

sa mère Françoise la Première la nommit Alma
à cause de ses yeux qui dévaliont creux dans toi
à cause du souvenir de de-quoi de loin tout d'un coup
Alma
à cause du printemps et de la lumière des pissenlits
à cause qu'elle sentit monter de-quoi
qu'elle pouvait point nommer
ça qui montait faisait fondre la glace
faisait mourir une miette
parce que dans la petite goule de la petite fille
son lait coulait comme de la sève

l'autre ils l'appelirent Pierrot
à cause que lui itou avait réveillé de-quoi en sa mère
réveillé l'espoir qu'astheure quelqu'un l'aimerait
astheure une face la regarderait sans hucher
sans fermer les portes
sans cacher tout ça qu'il y avait de précieux dans le monde
Pierrot huchait point

il luisait comme le quartz
comme la lumière de la première neige
dans sa voix douce de sherry
la mère tenait son petit
un clair de lune dans ses bras de ténèbres
un clair de lune dans un logis sans étoiles

le village du bois se rendit compte
que la petite Alma et le petit Pierrot
aviont été nés le même jour
mais au bois les traces aviont point
la même importance qu'à la côte
on se croyait solide au bois
on se croyait clair comme l'eau de roche
c'est pour ça que personne prit trop effet

le lendemain de la première gelée du printemps
l'Alma verte et le Pierrot de quartz
commencirent leur petit train
Alma chantait avant de parler
elle roulait les mots dans sa goule comme du *candy*
elle entendait les ruisseaux du logis
Pierrot lui riait mais pour faire rire les autres
il avait point vraiment d'envie de rire
si Pierrot riait c'était pour faire les autres oublier
les faire oublier qu'ils aviont arrêté de rire
qu'ils aviont peut-être jamais ri du tout

Amédé, 2010

Avant la tempête

au début
le cri était grand et partout
comme la mer qui l'avait emmené là
comme les longs voyages
les très longs voyages
voyages qu'aviont duré des années, des siècles
jusqu'à perdre l'envie de grouiller
jusqu'à perdre l'ordre des saisons
jusqu'à pus savoir qui vouloir trouver

sept ans sur mer ils aviont vogué
aviont raccommodé, aviont bu jusqu'à la cale
tout le rhum, toute la cendre et la poussière de la misère
sept ans sur mer, ils aviont tout mangé et tout bu
jusqu'à rester collés, affamés
oreilles contre le ventre du bote
jusqu'à pouvoir entendre le chant des baleines
jusqu'à entendre le goémon parler

et c'est du fond des botes, dans la septième année
du fi fin fond de la mer
qu'ils aviont finalement pêché
pêché des bouteilles montées par la mer
la mer qui finissait pus
qu'arrêtait pus avec son horizon
qu'ils aviont entendu chanter
des lèvres douces de la grande Atchafalaya

de sa chair tissée et riche
de maïs, de pins, de pacaniers
de l'oranger de l'Amérique

des bouteilles pêchées vint l'annonce du fruit
un neuf pays
et un après l'autre, chaque bote braquit
des quatre coins de la mer, chaque bote reprit
pour les douces et longues jambes de l'Atchafalaya
pour quitter à jamais l'eau salée
ils naviguirent autour de ses dents robustes de cyprès
sur sa langue rauque et brune, chacun de leur côté
les botes montirent, tous halés par la même chaleur
contre courant
jusqu'à la grande plaine salée

un après l'autre, les botes havirent
comme si la plaine était sable et grève
et trop ébarouis pour grouiller
les corps jeunes comme les vieux s'étendirent, couchés

après plusieurs nuits de-même
après plusieurs nuits à espérer, tourmentés
le cyprès braquit
à raconter
de ses longs bras fit jouer l'archet
la rondeur de la patience et de la misère
l'éphémère blancheur des picogies
comment soulager toute la soif
qu'ils avaient récoltée sur mer

au son de l'archet
les exilés braquirent à se lever
droites et doux comme la canne
braquirent à grouiller
et c'est de-même que dans l'archet du cyprès
le Village s'avait braqué
c'est de-même que l'archet du cyprès arrivit
à noyer jusqu'au fond de la voix
jusque dans le creux du violon
tout le tourment du cri
toute la misère de retrouver la terre, l'ancre du temps
de parenté à parenté à parenté

Prudent, 2013

Avant

C'est Prudent qui braquit la prière.
C'est Prudent qui braquit le chapelet, la quête
Pour faire sens de leur enfer.
Pour faire sens de leur destin.
Prudent Robichaud, dit l'Aîné, traducteur de métier,
    avait été embarqué
Comme du bétail, de la marchandise, Prudent
    Robichaud avait été entassé.
Entassé avec des femmes, des enfants, des pères,
    des mères.
Prudent avait accepté de quitter sans les siens,
    de les voir déchirés.
C'était le prix à payer pour garder la Paix.

—·➢➲✦➣➣·—

Prudent Robichaud avait été embarqué.
Prudent Robichaud avait été fourré dans la cale
    du Pembroke,
dans la cale du gros senau qu'avait resté ancré
    des semaines au Port Royal,
dans le senau qu'ils aviont regardé,
    qu'ils aviont même arrumé.
Le Pembroke aigri par son trafiquage, par ses sales
    voyages, avait le mat de brisé.
Ils l'aviont remplacé, l'aviont monté haut.
Ils aviont riggé leur coffre, la marchandise.

Prudent Robichaud avait été ordonné.
Prudent Robichaud avait été poussé par le fusil
  du Soldat.
Prudent Robichaud avait été commandé par l'Ordre
  du Roi
pour le soleil écrasant de la Virginie.

—◦⊃⊃❖⊂⊂◦—

La voix du Capitaine Milton était aiguisée.
Un dernier mot comme un couteau avant de fermer
  la porte de la cale.
Un dernier mot dans le ventre pour leur rappeler,
  pour leur faire souvenir.
Ils aviont été achetés.
Ils aviont été vendus.
Ils seriont trafiqués comme les autres.
Fallait les envoyer loin, plus loin encore.
C'était la guerre. C'était la loi.
Fallait porter le fusil pour faire acte de foi.

Emma Haché (1979 -)

Trafiquée, 2010

Présentation de la marchandise

Couleurs de la nuit
Ombres, néons fluos clignotants
Corridors de lumière
Miroirs déformants
Talons hauts
Bas filet qu'on enfile
Le corps d'une femme
L'enfilée qui se défile
Rouge à lèvres qu'on applique
Les parties du corps d'une femme présentées en marchandises
    spectaculaires aux vertus miraculeuses.
Morceau par morceau
Douche de lumière sur les hanches, les jambes, le cou,
    les mains, le visage, les seins...
Chaque morceau d'un corps de femme isolé du reste
Photographies choisies
« Picture Brides »
Mariées par correspondance
Ceci est un corps plié pour vous
Le regard de l'autre désireux, complice, puis coupable
Répétitions des images
Rythme des corps dans l'amour, dans la haine
Le même rythme
Succession d'images en accéléré
À la limite du supportable

--·->-◆-<-·--

Parce que c'est plus fort que vous
Parce que votre femme est incapable de jouir
Parce que vous avez envie qu'une femme se mette à genoux
    devant vous
Parce que votre femme vous a trompé
Parce que ça soulage
Parce que vous venez d'avoir quatorze ans
Parce que votre fils vient d'avoir quatorze ans
Parce que c'est la fête des Pères
Parce que je coute moins cher que l'autre
Parce que j'ai l'air plus propre
Parce que je fais plus jeune que mon âge
Parce que la dernière fois vous n'avez pas pu et que vous
    voulez absolument me prouver que vous pouvez
Parce qu'aujourd'hui c'est votre trente-cinquième anniversaire
    de mariage
Parce que vous avez envie de cogner
Parce qu'il n'y a que ça qui vous excite
Parce qu'avec moi vous pouvez tout faire
Parce que vous venez là chaque semaine depuis deux ans
Parce que vous êtes un homme fidèle
Parce que vous aimez votre femme
Parce que vous avez des glandes à vider
Parce que ça soulage votre femme
Parce que votre femme est partie en voyage depuis une semaine
Parce qu'il faut absolument que ça sorte
Parce que votre femme n'aime pas ça
Parce que vous n'aimez plus votre femme

Parce que vous vous sentez coupable
Parce que je ressemble à votre fille
Parce que vous ne pouvez vous en empêcher
Parce que vous voulez essayer des choses
Parce que vous n'osez plus les demander à votre femme
Parce que juste pour voir ce que ça fait
Parce que les autres le font
Parce que vous avez toujours rêvé de vous payer une pute
Parce que ça coute moins que d'inviter une femme au restaurant
Parce que vous n'avez pas besoin d'avoir l'air intelligent
Parce que vous n'aimez pas qu'une femme vous dise non
Parce que ça fait longtemps
Parce que les femmes toujours vous repoussent
Parce que vous êtes laid
Parce que vous êtes en colère
Parce que vous avez quelque chose à fêter
Parce que vous n'en pouvez plus
Parce que vous êtes vraiment gros
Parce que vous avez envie de parler
Parce que les putes savent comment faire
Parce que vous êtes quelqu'un de vraiment important
Parce que vous avez envie de tuer et que vous le ferez peut-être
        aujourd'hui
Parce que vous vous mariez demain
Parce que c'est la première fois
Parce que c'est la dernière fois...

Et vous ?
Pourquoi donc êtes-vous là ?

—·◦▷◁◦·—

Un après l'autre
les hommes se soulagent dans mon corps.
Je suis un dépotoir à ciel ouvert.
Mais pour faire plus vrai, je gémis.
Je grouille... de vermines.
Ils apprécient, je le vois sur leur figure.
Juste après la grimace officielle, je le vois.

C'est bien. Celui-là se plaît à penser que c'est fait, qu'après son passage sur moi, il est une meilleure personne, une personne qui peut aimer.

Et il s'en va, tout léger, chercher sa petite fille à la garderie tandis que sa petite femme les attend à la maison et prépare déjà un bon souper équilibré qu'ils vont manger en se racontant leur journée.

Mais bien sûr...
moi, je ne serai pas dans la journée de cet homme-là.
Étonnant quand même ?
Oui, étonnant.
Que celui qui me l'enfonçait fort et rapide dans la gorge au point de me faire vomir, pour me montrer ce que c'est, un homme vrai – comme si je n'étais pas déjà au courant depuis le temps...

Que celui-là même que je ne peux pas nommer parce que c'est un ministre connu et populaire qui passe souvent à la TV...

Que celui-là lira ce soir une histoire à sa petite fille pour l'endormir, peut-être un conte de fées.

— Ma fille, un jour tu vas trouver un prince qui t'aimera vraiment...

Celui-là même, qui depuis le temps, n'a pas appris à se laver correctement la queue et qui dégage une odeur épouvantable de merde et de pisse...

Celui-là, cet homme véritable qui défend les intérêts des pauvres gens...

Celui-là même qui est engagé dans les luttes sociales, je le sais, je regarde la TV quand Godzilla me laisse faire...

Celui-là même, cet homme vrai... quand il raconte sa journée à sa femme, il ne parle évidemment jamais de moi.

Il ne lui dit pas ce qu'il m'a fait.
Qu'il a grogné dans le sexe d'une autre femme.
Il ne le lui dit pas.

Cet homme véritable qui va revenir la semaine prochaine.
Parce qu'il aime bien l'étroitesse de mon cul de dix-sept ans.

À cet homme qui croit son plaisir partagé. Je ne lui dis pas...
que je fais semblant.

À aucun d'entre vous d'ailleurs.
Je ne le dis à personne.
Parce que ça n'intéresse personne.
Parce que Godzilla pourrait me tuer.

Donc... je fais semblant.
Je fais semblant de jouir.
Je fais semblant d'aimer ça.
Je fais semblant de ne plus avoir soif.
Et je fais semblant d'y croire.
Je fais semblant de croire que je suis belle.
Que je vous désire.
Que vous m'excitez.

C'est pour vous que je fais semblant.
C'est important pour votre bonne conscience.

Je fais semblant d'avoir envie de recommencer après avoir reçu
des coups.
Je fais semblant que ce papier que vous me jetez à la figure ou
par terre est mon prix.

Mais vous aussi.
Vous aussi, vous faites semblant.
Vous faites semblant de ne pas voir les bleus et les brulures qui
percent ma peau.
De ne pas voir les sanglots qui bousculent mon sexe.
C'est le marché qui veut ça.
Vous sortez l'argent de votre portefeuille, et je paie le prix.
Jamais je ne vous dirai « tu ». Jamais.
Je ne vous touche pas.
Je vous effleure du bout des doigts.
Je ne suis pas là.
Je ne suis pas sous votre langue, sous votre poids.
Je ne suis pas au bout de votre queue.
Je ne suis pas là.
Je suis ailleurs.

Je n'ai pas d'autre choix, moi, que de faire semblant.
Mais vous, vous... vous choisissez.
Parce que votre plaisir est tellement important.
Parce que votre confort passe avant tout.

Alors vous faites semblant de ne pas voir que je fais semblant.

Je vous hais pour ça !

—·⬧⬧✦⬧⬧·—

Un jour...
Je ne savais pas encore que j'étais une fille.
Ma mère me mettait des robes, mais je ne savais pas ce que ça
voulait dire.
J'ai vu...
Il y a une chose qui est restée gravée dans ma mémoire.
Quelque chose qui m'a beaucoup étonnée.
Un choc. Pas un choc, une révélation.
Une marque. Indélébile.
Quelque chose qui me parlait de moi.
Mais je ne le savais pas encore.
Pas à ce moment-là.
J'avais... je n'avais pas encore les mots.
J'étais... une enfant.
C'est plus tard que ça m'est venu.
J'ai appris.
Les mots sont devenus une porte vers la liberté.

Sur la route, en face de notre maison, il y avait... au début
c'était une bosse, une bosse dans l'asphalte. On n'aurait jamais
dit que... Pourtant, elle devenait de plus en plus grosse. La
bosse. Ça m'intriguait.

C'est une fleur qui l'a percée. Pour sortir. Cette toute petite
fleur de rien avait réussi à percer l'asphalte. Le germe qu'elle
était au départ avait deviné un soleil sous la chaleur de
l'obscurité.

Je suis restée longtemps à la regarder. Je ne savais pas encore
comment décrire ma fascination. C'était de l'admiration, je
pense. Pourtant, elle semblait toute fragile, toute petite à côté
du noir autour d'elle. Une aberration à côté de sa beauté.

On pouvait se demander ce qu'elle faisait là ? Pourquoi elle n'était pas sortie plus tôt ? On aurait pu penser qu'elle n'était pas à sa place. Pourtant... elle affirmait quelque chose que l'émerveillement de la petite fille que j'étais, que je suis toujours, n'arrivait pas à nommer.

Elle était là, narguant le noir autour avec la ténacité d'un vert, la justesse d'un violet, l'audace d'un rose, le rire d'un blanc, planté au milieu. Elle s'était complètement tournée vers la lumière avec l'ambition de vouloir boire tout le soleil. Comme si elle venait de se réveiller d'un long sommeil. Comme si elle avait médité longuement la splendeur du secret qu'elle allait enfin pouvoir révéler au monde.

Les jours suivants, j'ai observé le déploiement de ses feuilles. La petite bosse qu'elle avait percée au départ était devenue une fente par laquelle se glissaient d'autres bourgeons. Un bras fissurait l'asphalte qui se tendait vers le continent vert, comme pour appeler à l'aide.

À partir de ce jour-là, je l'ai protégée. Quand elle est parvenue à la rive, vivante, où l'attendaient ses semblables, je me suis sentie victorieuse. J'étais tellement contente d'avoir participé !

Mais au départ, il n'y avait qu'elle, elle toute seule. Avec ses couleurs obstinées.

—·⊃⊃✦◗◖⊂·—

Cindy Morais (1979 -)

Zizanie, 1999

L'enfant avec une clé au cou

Dans un précipice fleuri
j'ai vu
Dans un cimetière sans couleurs
j'ai vu
Sur une plage sans mer
j'ai vu
Dans la pluie rouge
j'ai vu
Dans un hiver sans neige
j'ai vu
Dans les peintures de Salvador Dali
j'ai vu
Dans le miroir
je me suis vue
Dans le passé
j'ai vu
l'enfant avec la clé au cou

Si tu savais

J'avorte mon cœur
pour toi
je le déchire
pour moi
je le rapièce
pour te prouver
que j'en ai un de trop

Stéphanie Morris (1980 -)

Le risque des rêves, 2002

J'ai envie de te dire ce que ma bouche a avalé
Ce que mon cœur nie
Ce que mon rire camoufle

J'ai envie de te montrer le dedans de moi
La sècheresse de mon âme
La froideur de mon esprit

J'ai envie que tu saches compter les bébites
Qui prennent une marche dans mes tripes

J'ai envie de te voir vomir
À la vue de mes souffrances
Et de te faire peur

J'ai envie de retrouver la joie de vivre
En te tuant à mille reprises

—·⇒⇒✦⇐⇐·—

Dehors le jour s'étale en souvenirs cachés dans une bulle de mémoire
Le sens s'éteint et me laisse partir
À la recherche du nouveau monde
Qui se souvient de moi

—·⇒⇒✦⇐⇐·—

On ne sait rien
Je vous l'ai dit
Tout ça se passe
Sans que l'on sache
Nos yeux ne voient
Que nos miroirs
Et l'on entend
Ce que l'on veut
Non, on ne sait rien
Ni toi ni moi
Ni personne d'autre
On est humain

―⋅⋗⋗✦⋖⋖⋅―

Petit à petit
Les mots prennent leur place
Pour dire le non-dit
Qu'on s'était inventé

―⋅⋗⋗✦⋖⋖⋅―

J'avoue que c'était simple et quand même assez bien
De me comporter en déesse de millions de dollars
J'avais le tour aux fesses et les hanches bien fermes
La tête haute et les yeux bandés
C'était facile de se laisser emporter
Dieu m'aimait et me chantait la pomme
Et ensemble on dansait
Sur des airs de lumière

Sarah Marylou Brideau (1983 -)

Romanichelle, 2002

Mon cœur a pris la forme de la Petitcodiac

> *La nature a créé partout sur la terre*
> *un équilibre que personne ne doit rompre*
> *sans en subir les conséquences.*
> **Yves Thériault**

Ma ville est traversée
D'une grande rivière en chocolat
Avec un mascaret qui bat au rythme de son cœur
Et un coude rempli de légendes
Contre vents et marées
Soufflent les murmures du vent qui m'inspirent

Elle reflète tous les levers et les couchers
De cette ville qu'on appelle Moncton
Qui a comme cœur
Une Petitcodiac
petty coat Jack
Cette rivière aux mille visages

Empoisonnés

Empoisonnés par toutes vos idées
Empoisonnés par votre culpabilité
Pourquoi ne pouvez-vous pas imaginer
Que la vie n'est pas une partie à jouer?

Bombardés par votre société
Bombardés par le temps de vos calendriers
Ne voyez-vous pas jusqu'à quel point
Vous nous empoisonnez?

Arrêtez d'essayer de nous changer
Pour qu'on entre dans vos « normes de société »
L'honnêteté...
N'est-elle pas indispensable
Pour atteindre la vraie liberté?

Rues étrangères, 2004

Je voudrais te faire un film 2

Je voudrais te faire un film
y mettre mon Acadie
mon Équateur
ma poésie
tous les moments fous
tous les voyages
même les p'tits *road trips*
y glisser mes émotions
la pensée qui ne se métamorphose
jamais en paroles
ou en écrits
je voudrais te les envoyer
en cartes postales quotidiennes
t'envoyer les senteurs
les bouts de conversations
le monde et les rencontres
comme un immense combo
mettre un *seal* sur le moment
pour m'assurer qu'il ne se perde pas
et pour le partager avec toi

Cœurs nomades, 2013

Stupeur et tremblements I

Si je tremble ce matin
c'est qu'être poète
veut parfois dire avoir le cœur
à vif
vulnérable
vacillant

Cœur
perméable
au pouls du monde

Cœur
qui décolle
sans m'avertir

Stupeur et tremblements III

On le sent se déchirer
      le cœur
et couler
se déchainer comme une rivière
      après l'hiver
se ruer sur les rochers
sortir de son nid douillet
inonder la terre

Ça peut détruire
        un cœur en crue
ça peut faire
chavirer

—·⋙⋗✦⋖⋘·—

Sons de mécontentement urbain
murs de solitude
rythmes battus au poing
fausses mélodies
mon voisinage prostitué
le junkie au coin de la rue
l'ivrogne au guichet
        à la recherche de quelqu'un pour payer
        la prochaine *round*

—·⋙⋗✦⋖⋘·—

Ne plus ressentir l'absolu
les tentations
les contes de fées
        rétrécissent quand on grandit

les rêves deviennent trop petits pour être portés
les voix de nos idoles
à leur tour
deviennent cris
sirènes
et pointent du doigt les fins tragique

And the drifting waves of desire
forever washing back to the shores

Marie-Ève Landry (1984 -)

Revue Ancrages, « Moncton 24 », 2012 et revue *Exit*, 2014

Le Château Bel-Âge

Je n'ai pas choisi ce lieu
On m'a menée jusqu'à lui
Elles sont venues
Me chercher dans mes songes

Car les âmes planent au château de Moncton
Des vies en lambeaux flottent entre ses murs

On me regarde sans cesse au Château Bel-Âge
Une fois sur les lieux
Les yeux sont partout
Je les sens pénétrer ma peau

Je n'ai pas choisi ce lieu
Elle m'a menée jusqu'à lui
Elle est venue
Me chercher dans mes songes

Une petite fille s'approche
Dans ses cheveux danse un ruban rouge

Elle me demande si je veux jouer avec elle
Alors nous jouons à la marelle entre
Les pierres tombales

Les âmes dansent
Et la valse de l'aube débute

Entre la réalité et l'imaginaire
Il n'y a qu'un pas

La grande dégringolade qui miroite

—◦⊃⊃✦⊂⊂◦—

Revue Ancrages, « Libéré(e) sur parole », 2012

Posologie

À trop forcer la pilule
On tisse des toiles de mots morts

L'avalanche est dangereuse
Puisque les mots qui ne disent plus rien doivent mordre
Pour se faire entendre

Jadis, ils avaient un message
L'ont vendu pour se faire poésie

Un jour, le poète était sage
Maintenant, il vagabonde de page en page
Tantôt fonctionnaire, tantôt artisan

À trop forcer la pilule
On tisse des toiles de mots morts

Monica Bolduc (1992-)

Exit 74, 2014

Laisse-moi

J'écoute les beeps qui retentissent
Je regarde le reçu pousser comme une plante grimpante
Toujours plus
Plus de vitesse
Plus de questions
Plus de mots
Plus de toute
Crissez-moi patience

C'est la folie de l'humain qui attend en ligne
Pour du lobster en canne pis du beurre salé

Moi j'ai les yeux qui brulent d'une nuit trop agitée
Le besoin de solitude s'installe sous mes lourdes paupières
Et malgré tout
Je pense à toi
Mon compte est en souffrance
Drôle de mot pour décrire la pauvreté, « souffrance »
Et malgré tout je pense à toi

Laisse-moi t'écrire un poème
Un poème du cœur
Avec un plume de l'auberge les Jardins
Laisse-moi t'écrire un poème
Même si j'ai pas d'idée comment
Même si ça me vient pas naturellement
Laisse-moi t'écrire un poème

Une chanson, une symphonie
« Souffrance en D mineur » par Bolduc
Laisse-moi t'écrire un poème
Même si ça tient pas debout
Comme moi derrière ma caisse
J't'aime autant que j'haïs ma job
Laisse-moi t'écrire un poème
Pour te demander de revenir
Pour que tu m'tiennes la main
J'veux t'avoir dans mon dead end
Laisse-moi t'embrasser
Laisse-moi tranquille
Laisse-moi aller
Laisse-moi...

Squeeze-moi
Comme un citron
Vide-moi de mon jus
Jusqu'à ce qu'il reste juste la pelure

Ramène-moi à la case départ
Qu'on me réhydrate
Qu'on me reconstruise
Avec un basement plus solide
Que tes paroles futiles

Take me as high as you can
Pis pousse-moi
Laisse-moi me fracasser sur le béton
Tête première
Pis laisse-moi mourir

Tu vas être belle ou « The twisted code of women »

Sois plus féminine
Tu vas être belle
Maquille-toi, beaucoup
Mets du cache-cerne
Du fond de teint
Du eye shadow
Du crayon noir
Du mascara
Enwèye mets-en du blush
Sois plus féminine
Pratique l'hygiène
Lave-toi
Mets de la crème
Mets du déodorant
Mets du parfum
Peigne tes cheveux
Mets du spray net
Rends visite à ta coiffeuse régulièrement
Sois plus féminine
Mets des sous-vêtements qui matchent
Mets des robes
Mets des jupes
Le plus court, le mieux
Sauf si t'as des grosses cuisses
Personne veut voir ça
Sois plus féminine
Sors pas de la maison en jogging
Sors pas de la maison sans maquillage
Mets pas de vêtements troués
Toujours bien paraitre

Sois plus féminine
Maigris
T'es belle mais avec 20 lbs de moins tu serais encore plus belle
Sois plus féminine
Fume pas
C'est pas beau une fille qui fume
Bois pas
C'est pas beau une fille qui boit
Prends pas de drogue
Sauf si c'est pour maigrir
Tu vas être belle
Sois plus féminine
Pète pas
Rote pas
Les femmes n'ont pas droit à un système digestif normal
Sois plus féminine
Comporte-toi bien
Tiens-toi droite
Sacre pas
Sois pas vulgaire

Sujets à éviter :

Anciennes conquêtes
Peine d'amour
Eating disorders
Inceste
Ovulation
Menstruations
Vomi
Marde

Pisse
Diarrhée explosive
Sexe
Infections vaginales
Sodomie
Masturbation
Fellation
Poil de raie
Pet de plotte
Porn
Rape
Milf
Squirting
Cum shots
Bondage
Ass fucking
Double Penetration
Double fisting

Sois plus féminine
Maigris
Rentre ton ventre
Teins tes cheveux
Cache tes cernes
Cache tes boutons
Cache ta cellulite
Sois plus féminine
Maigris
Pas de piercings
Pas de tattoos

Sois plus féminine
Croise tes jambes quand tu t'assois
Parle pas la bouche pleine
Sois plus féminine
Pète pas
Rote pas
Sens toujours bon
Sue pas trop
Rentre ton ventre
Sois plus féminine
Épile-toi
Les sourcils
La moustache
Les jambes
Les aisselles
Le pubis
C'est pas beau du poil
Sois plus féminine
Maquille-toi
T'es tellement belle quand tu te maquilles
Sois plus féminine
Va aux lampes
Mets des décolletés
Mets du cutex
Sur les mains pis sur les pieds
Mets le plus d'accessoires possible
Mets des talons hauts
Mets des robes
Mets des jupes
Le plus court, le mieux

Maquille-toi
Rentre ton ventre
Sois plus féminine
Maigris
Sois plus féminine
Maigris
SOIS PLUS FÉMININE
MAIGRIS
SOIS PLUS FÉMININE
MAIGRIS

Mais surtout
Sois toi-même.

Biographies

Angèle Arsenault, née en 1943 à Abram-Village (I.P.É.), est décédée en 2014 à l'âge de 70 ans. Issue d'une grande famille férue de musique, elle fut l'ambassadrice acadienne de l'Ile-du-Prince-Édouard et sa carrière d'auteure-compositeure-interprète la mena partout au Canada et à l'étranger. Grand talent sur scène où rayonnait sa joie de vivre, elle fut également animatrice de radio et hôte d'une série télévisée éducative, *Angèle*, tout en participant à plusieurs films de l'Office national du film du Canada. Nombreux sont les prix et honneurs qui lui furent décernés au cours de sa vie : récipiendaire de l'Ordre de la Pléiade de l'Association des parlementaires de langue française (1997), elle fut aussi nommée Officière de l'Ordre du Canada (2003) et Officière de l'Ordre de l'Ile-du-Prince-Édouard (2005). Les poèmes et chansons de son premier disque furent publiés dans *Première* (1975, Leméac).

—◦⊶⧫⊷◦—

Monica Bolduc est née à Edmundston d'un père peintre et a toujours cultivé une passion pour les arts en général. D'abord attirée par la scène, elle a étudié l'art dramatique à l'Université de Moncton durant quelques années et s'y est produite aussi en tant que musicienne, armée de rien d'autre que sa voix. Elle pratique l'écriture de façon sérieuse depuis environ un an, par besoin.

—◦⊶⧫⊷◦—

Huguette Bourgeois est née en 1949 à Rogersville au Nouveau-Brunswick. Ayant grandi à Saint-Louis-de-Kent et fait des études à l'Université de Moncton, elle a surtout travaillé dans le domaine pédagogique, de l'est à l'ouest du Canada, avant de prendre son poste actuel de coordonnatrice des services linguistiques à l'Université d'Ottawa. Bourgeois a signé trois recueils de poésie, *Les rumeurs de l'amour, 1980-1983* ([1984], Perce-Neige), *L'enfant-fleur* (1987, Éditions d'Acadie, Prix France-Acadie) et *Espaces libres* (1990, Éditions d'Acadie).

—◦◦➤◦❖◦◅◦◦—

Édith Bourget, née en 1954 à Lévis au Québec, vit depuis les années 1990 à Edmundston. Artiste multidisciplinaire, elle s'est fait connaitre comme peintre et auteure. Bourget compte à son actif de nombreuses expositions collectives et en solo, tant en Amérique du Nord qu'en Europe et ailleurs. Ses textes sont publiés en France et au Canada où elle a été deux fois finaliste au Prix du Gouverneur général en littérature jeunesse (en 2006 pour *Les saisons d'Henri* [2006, Soulières éditeur] et en 2004 pour *Autour de Gabrielle*, [2003, Soulières éditeur, Prix France-Acadie]). Souvent, elle illustre elle-même les textes qu'elle crée ou elle s'adonne à la création de livres d'artiste. Elle a aussi publié bien des poèmes et nouvelles pour adultes dans diverses revues, ainsi que le recueil *Une terre bascule* (1999, La Grande Marée) qui réunit textes poétiques et quelques reproductions de tableaux de l'auteure-peintre. Voir aussi le site de Bourget: http://edithbourget.blogspot.ca/

—◦◦➤◦❖◦◅◦◦—

Sarah Marylou Brideau, née en 1983 dans la Péninsule acadienne, a fait des études à l'Université St-Thomas et détient une maitrise en langue et littérature françaises de l'Université McGill. Grande voyageuse, elle a publié *Romanichelle* (2002, Perce-Neige), *Rues étrangères* (2004, Perce-Neige) et *Cœurs nomades* (2013, Prise de parole). Les trois recueils de poésie font comprendre la musique, les lieux et les pays qui inspirent Brideau.

—◦◦➤◦❖◦◅◦◦—

Édith Butler, née en 1942 à Paquetville au nord-est du Nouveau-Brunswick, a mené une carrière internationale couronnée de multiples prix et distinctions. En 1975, par exemple, elle a été nommée Officière de l'Ordre du Canada et, en 2012, elle a reçu le Prix pour l'excellence dans les arts de la scène du Lieutenant-gouverneur du Nouveau-Brunswick, pour ne mentionner que ces deux honneurs. Puisant dans la mémoire collective, elle a le mérite d'avoir préservé de l'oubli bon nombre de chansons traditionnelles, de ballades et de complaintes. Ce répertoire initial fut enrichi par d'autres auteurs-compositeurs qui, au cours des années, ont écrit pour la chanteuse. Butler elle-même a composé non seulement la musique mais aussi les paroles de certaines de ses chansons. Un bel échantillon de ces textes se trouve dans le livre qu'elle a signé, *L'Acadie sans frontières* (1977, Leméac). Voir le site de Butler: http://www. edithbutler.net/

Germaine Comeau est née en 1946 à Yarmouth en Nouvelle-Écosse. Après avoir fait des études à l'Université d'Ottawa et à la Nouvelle Sorbonne où elle obtient une maitrise en études théâtrales, elle revient en Acadie, à la Baie Sainte-Marie, où elle travaille longtemps dans les domaines pédagogiques et journalistiques. Auteure de pièces de théâtre et de pièces radiophoniques produites par Radio-Canada, elle a aussi publié les romans primés *L'été aux puits secs* (2007 [1983], Perce-Neige, Prix France-Acadie) et *Laville* (2008, Perce-Neige, Prix Antonine-Maillet-Acadie Vie). Comeau se consacre aujourd'hui entièrement à l'écriture et à d'autres projets artistiques. En 2012, son œuvre a été couronnée du Prix Grand-Pré. Les poèmes reproduits ici ont été écrits pour des livres d'artistes en collaboration avec l'Université Sainte-Anne et le Conseil des arts de la Baie.

Gracia Couturier, née à Edmundston en 1951, vit et écrit à Moncton où elle a fait ses études, dont une maitrise en création littéraire. Reconnue comme poète surtout pour ses haïkus publiés dans de nombreux collectifs, revues et anthologies (par exemple *Carpe diem: anthologie canadienne du haïku*, 2008, Éditions David), elle a aussi signé des romans (*Chacal, mon frère*, 2012 [2010], Éditions David, Prix des lecteurs Radio-Canada, 2011, Prix France-Acadie,

2012), des pièces de théâtre ainsi que des livres de littérature jeunesse. Pleine de talents, Couturier a travaillé en tant qu'enseignante, comédienne, metteure en scène, recherchiste, éditrice et scénariste; elle a aussi collaboré à la revue acadienne *Ancrages* et à la maison d'édition Bouton d'or Acadie.

Athela Cyr (Marie Modeste Athela Cyr, 1905-1990), née à Saint-Hilaire dans le comté de Madawaska, consacre toute sa vie à l'enseignement après avoir été novice dans la congrégation des Filles de la Sagesse à Edmundston. Au lieu de prononcer ses vœux dans cet ordre de religieuses enseignantes, Cyr obtient son brevet d'enseignement à l'École normale de Fredericton. Elle enseigne dans diverses écoles du Madawaska, sauf pour une brève période pendant laquelle elle est enseignante missionnaire au Labrador. Sous le pseudonyme anagrammatique Ryca Lehta elle publie ses poèmes dans le journal *Le Madawaska* et, pour le centenaire de la cathédrale de l'Immaculée-Conception en 1980, elle publie à compte d'auteure un livret de poèmes inspirés par les verrières, la paroisse ayant refusé la publication. Pour le texte entier des « Litanies de Marie », voir http://www.diocese-edmundston.ca/fr/docs/cath_verrieres-litanies_de_marie.pdf.

France Daigle est née en 1953. Originaire de Dieppe, elle réside aujourd'hui à Moncton. Son œuvre comprend bon nombre de poèmes publiés dans diverses revues, des pièces de théâtre inédites et une douzaine de romans dont plusieurs ont reçu des prix littéraires importants, par exemple le Prix France-Acadie en 1998 pour *Pas pire* (Éditions d'Acadie, réédité en 2002 par Boréal), des Prix Éloizes en 1998 et 2002, le Prix Antonine-Maillet-Acadie Vie en 1999 et 2012, le Prix du Lieutenant-gouverneur pour l'excellence dans les arts littéraires en 2011 ainsi que le Prix du Gouverneur général en 2012 (*Pour sûr*, 2011, Boréal). Daigle compte aujourd'hui parmi les auteurs acadiens les plus marquants; son œuvre est étudiée dans tous les centres universitaires consacrés aux littératures acadienne et québécoise. Une édition rassemblant son œuvre poétique ne devrait plus tarder. Voir aussi le site de l'*Encyclopédie du patrimoine culturel de l'Amérique française* : http://www.ameriquefrancaise.org/fr/article-595/

France_Daigle_et_son_Acadie,_ouverte_sur_le_monde.html#.Ud2DTawr7yo

—··➪·✦·◄·◄··—

Rose Després, née à Cocagne en 1950, est la poète la plus révoltée de sa génération. Pleine de fureur, sa poésie connait tous les états d'un cœur trahi. La déception, la rage, la dénonciation, l'ironie acerbe, les revendications et explosions libératrices s'affichent dans tous ses recueils, depuis *Fièvre de nos mains* (1982, Perce-Neige) jusqu'à *Gymnastique pour un soir d'anguilles* (1996, Perce-Neige). Toutefois, depuis *La vie prodigieuse* (2000, Perce-Neige, Prix Antonine-Maillet-Acadie Vie), le ton emporté de sa poésie commence à s'adoucir : émergent alors, à côté des jugements réprobateurs et des sentiments de vengeance, des festins et des miracles. Ces moments de sourire et de bonheur continuent à s'affirmer dans *Si longtemps déjà* (2009, Prise de parole, Prix Éloizes). Prise de parole a réédité en 2013 les quatre premiers recueils de Després.

—··➪·✦·◄·◄··—

Marie-Claire Dugas est née en 1962 à Montréal où elle est retournée après avoir vécu de longues années à Moncton. Traductrice et poète, elle a travaillé dans les domaines du cinéma, des arts visuels, du théâtre et de la littérature, tout en étant active sur le plan sociopolitique (cosignataire du Manifeste Beaubassin, http://cyberacadie.com/index.php?/deracinement_histoire/Le-Manifeste-de-Beaubassin-Deportation-ou-Genocide.html) et écologique (réhabilitation de la rivière Petitcodiac). En plus du court-métrage *L'éternité ? ou la disparition d'une culture* (2003, ONF), elle a signé l'œuvre poétique *Le pont de verre* (2003, Perce-Neige, finaliste au Prix Antonine-Maillet-Acadie Vie).

—··➪·✦·◄·◄··—

Pauline Dugas vit à Caraquet où elle est née en 1957. Poète et peintre, l'artiste est très impliquée dans le monde des arts visuels, notamment dans la Péninsule acadienne où elle a été membre fondateur du groupe d'artistes *Existe* et du *Festival des arts visuels en Atlantique*. Quant à la poésie, elle s'est fait remarquer avec deux recueils, *Fragment d'eau* (2009, Perce-Neige) et

Charpente matinale (2012, Perce-Neige).

—◦➡◆⬅◦—

Joséphine Duguay (1896-1981, sœur Marie-Augustine, n.d.s.c.), a publié ses poèmes pendant de longues années dans le journal *L'Évangéline*. Ses papiers se trouvent dans les archives de la congrégation Notre-Dame-du-Sacré-Cœur à Moncton. Parmi ces documents comptent beaucoup de poèmes sur des feuilles volantes, souvent sans date, et un petit livre vert foncé avec une bordure rouge, dédié à Jésus et intitulé *Mon passe-temps* à *l'infirmerie (1927-28)*. Il contient divers poèmes religieux, y compris le morceau musical «À notre mère» pour chœur et solistes, écrit pour la fête de sainte Anne. Les textes de ce livret furent rédigés lors d'une maladie dont Duguay croyait devoir mourir, mais elle fut rétablie en 1928. D'autres poèmes ont été publiés sous le pseudonyme de «Glaneuse», dont deux reproduits ici : «Notre étoile» ainsi que la «Causerie masculine», écrite au cours de l'été 1943 en réponse à la «Causerie féminine» d'Albert Lozeau. Le texte parodique de Duguay montre bien que les sœurs étaient politiquement au courant et n'hésitaient pas à ridiculiser des propos condescendants envers les femmes. Pour un documentaire sur cette congrégation avant-gardiste, voire féministe, dont sortaient de très grandes artistes acadiennes telles Antonine Maillet, Viola Léger, Marie-Hélène Allain et Édith Butler, voir Rodolphe Caron, *Pour la cause* (2011, ONF).

—◦➡◆⬅◦—

Emma Haché est née en 1979 à Lamèque au Nouveau-Brunswick. Comédienne, auteure, dramaturge et metteure en scène, elle collabore avec de nombreux théâtres au Canada francophone, dont l'Escaouette à Moncton, le Théâtre populaire d'Acadie, le théâtre français du Centre National des Arts à Ottawa, etc. Ses pièces de théâtre pour enfants et adultes – bon nombre parmi elles restent inédites – se caractérisent par un ton tantôt dramatique tantôt lyrique. La première, *Lave tes mains* (2002, inédite) fut couronnée du Prix jeunesse Antonine-Maillet-Acadie Vie. *L'intimité* (2003, Lansman Éditeur) a gagné le Prix littéraire du Gouverneur général en 2004 ainsi que deux Prix Éloizes; *Trafiquée* (2010, Lansman Éditeur, Prix Antonine-Maillet-Acadie Vie 2011), mise en scène par le Trunk Collectif à Montréal, fut finaliste aux Prix du Gouverneur général.

—·◦➣✦➢◦·—

Judith Hamel (1964-2005), d'origine québécoise, a fait ses études à Moncton où elle a résidé avant de succomber au cancer. Très active dans les milieux artistique et politique, Hamel était une poète remarquable qui a aussi fait paraitre une dizaine de livres pour la jeunesse. Collaboratrice à l'édition de livres de critique littéraire, elle a cofondé, avec Marguerite Maillet, les éditions Bouton d'or Acadie. Ses recueils de poésie sont intitulés *En chair et en eau* (1993, Perce-Neige) et *Onze notes changeantes* (2003, Perce-Neige, finaliste au Prix Antonine-Maillet-Acadie Vie en 2004). En 2003, elle a remporté le Prix de la Lieutenante-gouverneure du Nouveau-Brunswick pour l'alphabétisation de la petite enfance.

—·◦➣✦➢◦·—

Hélène Harbec, née en 1946 à Saint-Jean-sur-Richelieu au Québec, vit depuis les années 1970 à Moncton. Poète accomplie, la prose l'a attirée à plusieurs reprises. Ayant collaboré avec France Daigle à la fiction poético-romanesque *L'été avant la mort* (1986, Éditions du remue-ménage), Harbec a été primée la première fois pour son recueil *Va* (2002, Perce-Neige, Prix Antonine-Maillet-Acadie Vie). Les thèmes qu'elle privilégie – la mort, la renaissance constante de la vie, l'amour (déçu), le quotidien des femmes, la nature, les soucis écologiques – et qu'elle traite en touches tendres qui ne versent jamais dans le sentimental, se trouvent aussi dans les recueils *Le cahier des absences et de la décision* (2009 [1991], Perce-Neige) et *Le tracteur céleste* (2005, Perce-Neige) ainsi que dans le récit de la mort d'un père, *Chambre 503* (2009, Éditions David, Prix Champlain). En 2012, elle fut doublement récipiendaire des Prix Éloizes, en littérature et en tant qu'artiste s'étant le plus illustrée à l'extérieur de l'Acadie. Sa plaquette de poésie la plus récente, *L'enroulement des iris,* vient de paraitre (2013, Le Noroît).

—·◦➣✦➢◦·—

Brigitte Harrison, née à Montréal en 1968, a grandi en Gaspésie avant de s'installer en Acadie. Ayant fait des études en théâtre et en philosophie à l'Université de Moncton, elle a signé trois recueils de poésie, *L'écran du monde* (2005, Perce-Neige, Prix Antonine-Maillet-Acadie Vie), *Le cirque solitaire* (2007, Perce-Neige), *L'écoute des fragments* (2011, Perce-Neige). Dans ses poèmes qui «ouvrent sur l'avenir» (*Le cirque solitaire*), Harrison n'hésite pas à faire une critique parfois acerbe de la société contemporaine.

--◦☞◉◈◎☜◦--

Martine L. Jacquot, née en 1955 dans la région de la Brie en France, vit depuis bien des années en Nouvelle-Écosse, dans la vallée de l'Annapolis. Après des études en France et au Canada qui se terminent avec un doctorat en littérature française (Dalhousie University, Halifax), Jacquot se fait remarquer comme journaliste, chercheure, romancière et poète. Très active dans le milieu artistique, elle participe à de nombreux festivals littéraires, tant en Europe qu'aux États-Unis et au Canada. Finaliste aux concours de plusieurs prix littéraires et couronnée du Prix de l'ADELF en 2007 pour son roman *Au gré du vent* (2005, Éditions du Grand-Pré), Jacquot a aussi publié les recueils *Points de repère sur palimpseste usé* (2002, Loup de Gouttière) ainsi qu'*Étapes* (2001, Humanitas) et *Le silence de la neige* (2007, Humanitas).

--◦☞◉◈◎☜◦--

Marie-Ève Landry est née en 1984 à Tracadie-Sheila dans la Péninsule acadienne. Tout en travaillant à son premier recueil de poésie, elle fait partie du comité de rédaction de la revue acadienne en création littéraire *Ancrages* et participe couramment aux soirées de poésie à Moncton. Elle occupe le poste d'adjointe à la direction littéraire aux Éditions Perce-Neige depuis janvier 2014.

--◦☞◉◈◎☜◦--

Georgette LeBlanc est née en 1977 à Chicaben (Pointe-de-l'Église) en Nouvelle-Écosse. Danseuse, comédienne et poète, elle détient un doctorat en études francophones de l'Université de la Louisiane à Lafayette. La critique a chaleureusement accueilli ses recueils de poésie narrative, écrits en langue acadienne de la Baie Sainte-Marie, *Alma* (2006, Perce-Neige, Prix Antonine-Maillet-Acadie Vie et Prix Félix-Leclerc) et *Amédé* (2010, Perce-Neige, lauréate du prix littéraire Émile-Ollivier. Ses deux recueils lui ont valu le Lieutenant Governor of Nova Scotia Masterworks Arts Award). Pour bâtir la trame narrative de ces livres, LeBlanc puise dans la riche mémoire collective, si bien que le premier recueil dépeint la vie d'Alma en Nouvelle-Écosse, après les années de la Seconde Guerre mondiale; le second met en scène les «cowboys» Amédé et Lejeune qui suivent leur destin de musiciens de la Louisiane jusqu'au Grand Texas. Son dernier recueil, *Prudent,* (2013, Perce-Neige), est basé sur un épisode de la déportation des Acadiens en 1755.

Dyane Léger, née en 1954 à Notre-Dame-de-Kent au Nouveau-Brunswick, fait éclat lorsqu'elle signe *Graines de fées* (1980, Perce-Neige, Prix France-Acadie), premier recueil de poésie publié par une femme au moment du renouveau littéraire en Acadie jusqu'alors dominé par les hommes. Poète et peintre, Léger prête souvent sa voix à ceux et celles qui n'en ont pas – femmes démunies et autres minorités opprimées –, par exemple dans *Les anges en transit* (1992, Les Écrits des Forges et Perce-Neige). Ses recueils *Comme un boxeur dans une cathédrale* (1996, Perce-Neige) et *Le dragon de la dernière heure* (1999, Perce-Neige), qui juxtaposent l'intimiste et le violent, soulignent bien l'adage féministe postulant que le personnel est politique. Participant à beaucoup de festivals de poésie nationaux et internationaux, Léger semble s'intéresser ces dernières années à des collaborations: en 2008, elle a publié avec Paul Savoie *L'incendiaire* (Éditions du Marais).

Antonine Maillet, née en 1929 à Bouctouche en Acadie, est reconnue dans le monde entier des lettres françaises. Son œuvre importante représente des personnages intrépides et hauts en couleur; en plus de cinquante ans d'écriture, elle a embrassé tous les genres littéraires, depuis le roman quasi autobiographique *Pointe-aux-Coques* (1958, Fides), à *La Sagouine*, pièce jusqu'alors inouïe pour une femme seule (1971, Leméac), à *Pélagie-la-Charrette*, chef-d'œuvre romanesque qui met en scène le retour des Acadiens après la déportation (1979, Leméac), aux *Confessions de Jeanne de Valois* (1992, Leméac), à *Madame Perfecta* (2001, Leméac), jusqu'au cycle autobiographique constitué par *On a mangé la dune* (1962, Leméac), *Le chemin Saint-Jacques* (1996, Leméac) et *Le temps me dure* (2003, Leméac). S'y ajoutent d'innombrables autres romans, contes et pièces de théâtre, si bien que Maillet a reçu de nombreux prix littéraires importants dont le Goncourt en 1979 pour *Pélagie-la-Charrette*. On ne connaissait pas encore Maillet comme poète, mais les deux longs poèmes reproduits ici montrent bien que ce genre ne lui est pas étranger, au contraire : elle sait manier la voix poétique à des fins aussi bien ludiques que politiques.

—··◆◈◆◈◆··—

Anna Malenfant (1905-1988), originaire de Shédiac près de Moncton, est surnommée la « gloire de l'Acadie et du Canada » par le père Anselme Chiasson qui a signé la biographie *Anna Malenfant* (1999, Éditions d'Acadie). Cantatrice et professeure de chant, Malenfant a étudié et fait carrière comme contralto au Canada, aux États-Unis et en Europe. À Montréal, on l'a connue surtout pour ses concerts (radiophoniques) avec le Trio lyrique dont elle a fait partie (avec Lionel Daunais et Ludovic Huot). Les chansons qu'elle a composées sous le nom de Marie Lebrun sont inspirées de son Acadie natale. Certaines parmi elles sont restées sans mélodies, comme les deux dernières reproduites ici. Voir aussi le site http://www.thecanadianencyclopedia.com/article/fr/emc/anna-malenfant, consulté le 12 février 2014.

—··◆◈◆◈◆··—

Cindy Morais est née en 1979 à Caraquet au Nouveau-Brunswick. Après avoir publié des textes dans diverses revues, elle a fait paraitre un premier recueil, *Zizanie* (1999, Perce-Neige).

—··◆◈◆◈◆··—

Stéphanie Morris est née en 1980 à Petit Rocher au Nouveau-Brunswick. La poète, qui est également auteure-compositeure-interprète, a signé une plaquette de poèmes, *Le risque des rêves* (2002, Perce-Neige).

—•⊳⧫⧫⧫◁•—

Annick Perrot-Bishop a des origines lointaines : née au Vietnam en 1945, elle passe une partie de sa vie en France avant de s'installer à Saint-Jean, Terre-Neuve-et-Labrador. Son premier recueil de poésie, *Au bord des yeux la nuit*, fut publié par les Éditions d'Acadie en 1996. L'Acadie a également fait une place à ses poèmes dans *La poésie acadienne* de Gérald Leblanc et Claude Beausoleil (1999, Les Écrits des Forges et Perce-Neige) ainsi que dans l'édition de Serge Patrice Thibodeau, *Anthologie de la poésie acadienne* (2009, Perce-Neige). En plus d'être reconnue en tant que poète, Perrot-Bishop est réputée dans la francophonie canadienne pour ses nouvelles et textes de science-fiction. Ses recueils de poésie, *Femme au profil d'arbre* (2001, Éditions David) et *En longues rivières cachées* (2005, Éditions David), viennent d'être réédités dans un volume bilingue, accompagnés de traductions revues par Neil B. Bishop pour la nouvelle édition : *Tissée d'eau et d'ambre / Of Amber Waters Woven* (2012, Ekstasis). Voir le site de Perrot-Bishop : https://sites.google.com/site/sitedannickperrotbishop/Site-dannick-perrot-bishop.

—•⊳⧫⧫⧫◁•—

Bibliographie

La bibliographie comprend tous les recueils de poésie des auteures ainsi que leurs autres livres mentionnés dans l'introduction. En l'absence d'un recueil, est mentionnée la référence bibliographique de poèmes particuliers.

Arsenault, Angèle
Première, Ottawa, Leméac, 1975.

Bolduc, Monica
«Laisse-moi» et «Tu vas être belle», Revue *Exit*, n° 74, mars 2014.

Bourgeois, Huguette
Les rumeurs de l'amour (1980-83), Moncton, Perce-Neige [1984].
L'enfant-fleur, Moncton, Éditions d'Acadie, 1987.
Espaces libres, Moncton, Éditions d'Acadie, 1990.

Bourget, Édith
Une terre bascule: textes poétiques et quelques tableaux, Tracadie-Sheila, La Grande Marée, 1999.
Autour de Gabrielle [poésie jeunesse], Geneviève Côté (illustrations), Saint-Lambert (QC), Soulières, 2003.
Les saisons d'Henri [poésie jeunesse], Geneviève Côté (illustrations), Saint-Lambert (QC), Soulières, 2006.

Brideau, Sarah Marylou
Romanichelle, Moncton, Perce-Neige, 2002.
Rues étrangères, Moncton, Perce-Neige, 2004.
Cœurs nomades, Sudbury, Prise de parole, 2013.

Butler, Édith
L'Acadie sans frontières, Antonine Maillet (préface), Ottawa, Leméac, 1977.

Comeau, Germaine
L'été aux puits secs [roman], nouv. éd. rev. et corr. par l'auteure, Moncton, Perce-Neige, 2007 [1983].
Laville [roman], Moncton, Perce-Neige, 2008.
«Empreintes», poème accompagné d'une estampe par Denise Comeau, *Mûres noires*, collectif, Baie Sainte-Marie, [Jean Wilson], 2010, s.p. [Livre d'artiste à 30 exemplaires qui contient dix poèmes accompagnés de dix linogravures.]
«Cinquième dimension» (adaptation du texte narratif «Anima sana»), poème accompagné d'une illustration par François Gaudet, *Esprit sain*, projet de collaboration entre le Conseil des Arts de la Baie, la Maison la Bouche rouverte associée et l'Université Sainte-Anne, s.l., 2011, 5.
«Cosmos», poème inédit, 2013.

Couturier, Gracia
De nombreux poèmes publiés dans divers collectifs, revues et anthologies, notamment dans:
Haïku et francophonie canadienne, André Duhaime (dir.), St-Boniface (MB), Éditions du Blé, en collaboration avec Éditions David et Éditions Perce-Neige, 2000.
Chevaucher la lune: anthologie du haïku contemporain en français, André Duhaime (dir.), Ottawa, Éditions David, 2001.
Carpe diem: anthologie canadienne du haïku, Francine Chicoine, Terry Ann Carter et Marco Fraticelli (dir.), Ottawa, Éditions David, 2008.
Chacal, mon frère [roman], Ottawa, Éditions David, 2012 [2010].

Cyr, Athela
«Les verrières de la cathédrale Immaculée-Conception», livret de 24 pages, publié par l'auteure à l'imprimerie Le Madawaska ltée, circa 1980. Voir

http://www.diocese-edmundston.ca/fr/docs/cath_verrieres-litanies_de_marie.
pdf. Voir aussi http://www.diocese-edmundston.ca/fr/docs/cath_verrieres_
historique.pdf.

Daigle, France
« Sur les traces de Marianne Godbout, cordonnière et savetière », *Éloizes* 4,
1981, 51-53.
« Méditerranéennes 1 », *Éloizes* 7, 1983, 75.
« Méditerranéennes 2 », *Éloizes* 7, 1983, 76.
« Pour Zahava où qu'elle soit », *Éloizes* 9, 1984, 43-46.
« Et cela dura », *Éloizes* 11, 1985, 16-17.
« Le concert », *Éloizes* 19, 1993, 11.
« Le principe de la culture », *Éloizes* 19, 1993, 15.
« Il pleut », poème inédit, devenu œuvre musicale intitulée « Gymnopédies »
(Riversong, Moncton), 2013.

Pour les détails bibliographiques de tous les poèmes de Daigle, voir la
bibliographie de :

Sans jamais parler du vent : roman de crainte et d'espoir que la mort arrive
à *temps*, édition critique établie par Monika Boehringer, Moncton, Université
de Moncton, Institut d'études acadiennes, 2012, 247-249.
Sans jamais parler du vent, Film d'amour et de dépendance, Histoire de la
maison qui brûle [romans], Sudbury, Prise de parole, 2013 [1983, 1984 et 1985,
respectivement].
L'été avant la mort [récit], en collaboration avec Hélène Harbec, Montréal,
Éditions du remue-ménage, 1986.
La beauté de l'affaire : fiction autobiographique à plusieurs voix sur son rapport
tortueux au langage, Outremont / Moncton, Nouvelle Barre du jour / Éditions
d'Acadie, 1991.
Pas pire [roman], Montréal, Boréal, 2002 [1998].
Pour sûr [roman], Montréal, Boréal, 2011.

Després, Rose
Fièvre de nos mains, Moncton, Perce-Neige, 1982.
Requiem en saule pleureur, Moncton, Éditions d'Acadie, 1986.

Gymnastique pour un soir d'anguilles, Moncton, Perce-Neige, 1996.
La vie prodigieuse, Moncton, Perce-Neige, 2000.
Si longtemps déjà, Sudbury, Prise de parole, 2009.
Fièvre de nos mains, Requiem en saule pleureur, Gymnastique pour un soir d'anguilles, La vie prodigieuse, David Lonergan (préface), nouv. éd., Sudbury, Prise de parole, 2013.

Dugas, Marie-Claire
Le pont de verre, Moncton, Perce-Neige, 2003.

Dugas, Pauline
Fragment d'eau, Moncton, Perce-Neige, 2009.
Charpente matinale, Moncton, Perce-Neige, 2012.

Duguay, Joséphine (sœur Marie-Augustine, n.d.s.c., qui a publié sous le pseudonyme de Glaneuse)
Mon passe-temps à *l'infirmerie (1927-28)*, petit livre relié de poèmes inédits pour la plupart. Archives de la congrégation Notre-Dame-du-Sacré-Cœur, Moncton.
«À notre mère», Fête de sainte Anne, le 26 juillet 1928. Ce morceau pour chœur et solistes devait être chanté par les novices, sur l'air de «Sancta Lucia». Il fut écrit pour la fête patronale de Mère Marie-Anne (Suzanne Cyr), fondatrice de Notre-Dame-du-Sacré-Cœur. Tiré du livre *Mon passe-temps* à *l'infirmerie (1927-28)*, 107-109. Archives de la congrégation Notre-Dame-du-Sacré-Cœur, Moncton.
«Causerie masculine par Glaneuse, écrite en réponse à Causerie féminine par Albert Lozeau», *Liaisons*, nov.-déc. 1943, 11. Tiré du dossier «Articles collés».
«Complainte d'un vieux bouleau», feuille volante, s.d.
«Notre étoile», par Glaneuse, feuille volante, s.d.
«Première neige», déc. 1928. Tiré de *Mon passe-temps* à *l'infirmerie (1927-28)*, 36. Archives de la congrégation Notre-Dame-du-Sacré-Cœur, Moncton.
«Tout passe», mars 1928. Tiré de *Mon passe-temps* à *l'infirmerie (1927-28)*, 37. Archives de la congrégation Notre-Dame-du-Sacré-Cœur, Moncton. Reproduit dans Gérald Leblanc et Claude Beausoleil, *La poésie acadienne*, Moncton / Trois-Rivières, Perce-Neige / Écrits des Forges, 1999, 23.

Haché, Emma
L'intimité [théâtre], Carnières-Morlanwelz (Belgique), Lansman, 2003.
Azur [théâtre jeunesse], Carnières-Morlanwelz (Belgique), Lansman, 2007.
Trafiquée [théâtre], Carnières-Morlanwelz (Belgique), Lansman, 2010.
Wolfe [théâtre; texte inédit], 2011.

Hamel, Judith
En chair et en eau, Moncton, Perce-Neige, 1993.
Onze notes changeantes, Moncton, Perce-Neige, 2003.

Harbec, Hélène
L'été avant la mort [récit], en collaboration avec France Daigle, Montréal, Éditions du remue-ménage, 1986.
Le cahier des absences et de la décision, nouv. éd. rev. par l'auteure, Moncton, Perce-Neige, 2009 [1991].
Va, Moncton, Perce-Neige, 2002.
Le tracteur céleste, Moncton, Perce-Neige, 2005.
L'enroulement des iris, Montréal, Éditions du Noroît, 2013.

Harrison, Brigitte
L'écran du monde, Moncton, Perce-Neige, 2005.
Le cirque solitaire, Moncton, Perce-Neige, 2007.
L'écoute des fragments, Moncton, Perce-Neige, 2011.

Jacquot, Martine L.
Route 138: notes de route, Wolfville (N.-É.) / Edmundston (N.-B.), Éditions du Grand-Pré / Éditions Quatre-Saisons, 1989.
Fleurs de pain, Ottawa, Éditions du Vermillon, 1991.
Les nuits démasquées, Wolfville (N.-É.) / Edmundston (N.-B.), Éditions du Grand-Pré / Éditions Quatre-Saisons, 1991.
Étapes. Poèmes choisis (1982-1995), Brossard (QC), Humanitas, 2001.
Points de repère sur palimpseste usé, Québec, Loup de gouttière, 2002.
Cet autre espace, Wolfville (N.-É.), Éditions du Grand-Pré, 2006.
Le silence de la neige, Rosemère (QC), Humanitas, 2007.

Landry, Marie-Ève

« Le Château Bel-Âge », Revue *Ancrages* 6-7, numéro double « Moncton 24, 13 mars 2010 », 2012, 29. Aussi dans la revue *Exit*, n° 74, mars 2014.

« Posologie », Revue *Ancrages* 6-7, numéro double « Libéré(e) sur parole », 2012, 17.

LeBlanc, Georgette

Alma, Moncton, Perce-Neige, 2006.

Amédé, Moncton, Perce-Neige, 2010.

Prudent, Moncton, Perce-Neige, 2013.

Léger, Dyane

Graines de fées, nouv. éd. rev. et corr. par l'auteure, Moncton, Perce-Neige, 1987 [1980].

Sorcière de vent !, Moncton, Éditions d'Acadie, 1983.

Visages de femmes, Corinne Gallant (photos), Moncton, Éditions d'Acadie, 1987.

Les anges en transit, Moncton / Trois-Rivières, Perce-Neige / Écrits des Forges, 1992.

Comme un boxeur dans une cathédrale, Moncton, Perce-Neige, 1996.

Le dragon de la dernière heure, Moncton, Perce-Neige, 1999.

L'incendiaire, en collaboration avec Paul Savoie, Côte St-Luc, Éditions du Marais, 2008.

Maillet, Antonine

« La complainte du soldat inconnu », poème inédit.

« L'éloge des mots », poème inédit.

La Sagouine [théâtre], Montréal, Leméac, 1971.

Les confessions de Jeanne de Valois [roman], Montréal, Leméac, 1992.

Pour les détails bibliographiques de toute l'œuvre de Maillet, voir les bibliographies dans :

Robert Viau, *Antonine Maillet : 50 ans d'écriture*, Ottawa, Éditions David, 2008, 15-17 et 329-349.

Marie-Linda Lord (dir.), *Lire Antonine Maillet à travers le temps et l'espace*, Lise Gauvin (préface), Moncton, Université de Moncton, Institut d'études acadiennes et Chaire de recherche en études acadiennes, 2010, 179-185.

Malenfant, Anna
Huit chants acadiens de Marie Lebrun [pseudonyme d'Anna Malenfant],
Montréal, Archambault, 1955.

Pour un choix de chansons / poèmes publiés sous le nom de Marie Lebrun
et d'autres textes de Malenfant, voir:
Anselme Chiasson, *Anna Malenfant: gloire de l'Acadie et du Canada*, Moncton,
Éditions d'Acadie, 1999.

Morais, Cindy
Zizanie, Moncton, Perce-Neige, 1999.

Morris, Stéphanie
Le risque des rêves, Moncton, Perce-Neige, 2002.

Perrot-Bishop, Annick
Au bord des yeux la nuit, Moncton, Éditions d'Acadie, 1996.
Femme au profil d'arbre, Ottawa, Éditions David, 2001.
En longues rivières cachées, Ottawa, Éditions David, 2005.
Tissée d'eau et d'ambre / Of Amber Waters Woven, Neil B. Bishop (trad. rev.
des recueils *Femme au profil d'arbre* et *En longues rivières cachées*), Victoria
(BC), Ekstasis, 2012.

Remerciements

Nulle anthologie de poésie ne saurait exister sans le travail inlassable des auteures qui s'adonnent à l'écriture poétique malgré les multiples difficultés que pose ce genre aux étapes de la création, de la publication et de la distribution. Mes remerciements les plus chaleureux vont donc à chacune des poètes ici rassemblées : elles ont infiniment enrichi ma vie de lectrice sur les plans personnel et professionnel.

Beaucoup d'autres ont contribué à la réalisation de l'anthologie. J'exprime ma vive gratitude à la congrégation de Notre-Dame-du-Sacré-Cœur pour m'avoir laissé faire des recherches dans leurs archives où se trouve l'œuvre de la défunte Joséphine Duguay ou sœur Marie-Augustine. Ma reconnaissance va surtout à la supérieure générale, sœur Agnès Léger, qui a accordé la permission de reproduire certains de ces poèmes. Merci aussi à la secrétaire générale, sœur Imelda Guignard, pour des renseignements concernant le poème « À notre mère », et à l'archiviste, sœur Marie-Thérèse LeBlanc, qui m'a donné accès aux textes de Joséphine Duguay dans le cadre calme et agréable de la maison mère de la congrégation à Moncton.

Renée Morel, la petite-nièce d'Athela Cyr, a fourni tout un dossier comprenant les informations biographiques sur son ancêtre ainsi que les poèmes que cette dernière a consacrés aux verrières de la cathédrale Immaculée-Conception à Edmundston. Je lui suis reconnaissante d'avoir pu ainsi étoffer le volet historique de l'anthologie.

Découvrir Antonine Maillet poète fut une surprise inattendue. Je la dois à mon ancienne étudiante Julie Pellerin qui m'a invitée à l'été 2012 à un évènement à Bouctouche où Madame Maillet a lu «L'éloge des mots». Grâce à l'aimable permission d'Antonine Maillet et de sa maison d'édition, Leméac, je suis honorée que l'anthologie puisse inclure deux des poèmes inédits de la doyenne de la littérature acadienne. Merci beaucoup!

Que soient aussi remerciées Lorraine Dégagné et Lise Aubut qui ont autorisé la reproduction des textes d'Angèle Arsenault et d'Édith Butler.

D'autres poètes m'ont confié des poèmes encore inédits qui paraissent ici pour la première fois. Je tiens à exprimer ma gratitude à Germaine Comeau («Cosmos»), à Gracia Couturier (divers haïkus) et à France Daigle («Il pleut»). Quant aux poèmes parus en plaquette ailleurs qu'à Perce-Neige, je sais gré aux Éditions David, à Lansman, aux Éditions du Noroît, aux Éditions Prise de parole, ainsi qu'à La Grande Marée, qui ont accordé la permission à Perce-Neige de les reproduire dans l'anthologie.

Un très grand merci aux éditions Perce-Neige pour l'infatigable appui à la préparation de ce projet, notamment à son directeur, le poète Serge Patrice Thibodeau, qui m'a fait découvrir la poésie d'Athela Cyr et de la toute jeune Monica Bolduc. Pour leur lecture attentive de l'introduction je suis reconnaissante à Jean-Philippe Raîche et à Margot Piron. Je remercie aussi Shannan Power pour son expertise dans la saisie des textes et toutes les autres tâches administratives dont elle s'est acquittée avec une efficacité admirable. Maryse Arseneault a permis la reproduction de son œuvre picturale qui figure sur la couverture : je lui en suis reconnaissante, comme je le suis à la graphiste Jovette Cyr, responsable de la conception esthétique des livres de Perce-Neige.

Ma gratitude va également à la Mount Allison University qui, en m'accordant un congé sabbatique en automne 2013, m'a libérée de l'enseignement pour que je puisse mener à terme ce projet.

La prise de conscience qu'une telle anthologie est possible et que je devrais chercher à la réaliser, je la dois surtout à Nicole Brossard et Lisette Girouard : avec leur anthologie consacrée aux poètes québécoises, elles ont démontré l'intérêt de ce genre (au double sens) de livre. Voilà pourquoi je resterai à tout jamais touchée par le fait que Nicole Brossard – dont je suis l'œuvre poétique depuis mon arrivée au Canada dans les années 1980 –, ait consenti à rédiger la préface de cette *Anthologie de la poésie des femmes en Acadie.*

—∙➡✦◼◄∙—

TABLE